KB167729

여 자
재테크
생활백서

돈 버는 여자, 돈 버리는 여자

여 자
재테크
생활백서

황숙혜 지음

한국경제신문

똑똑한 여자들은 자기계발 하듯 재테크를 한다

은행에 돈을 맡기면 연 20%의 높은 이자를 주던 시대는 아마도 다시 오지 않을 것이다. 그렇다면 어떻게 종자돈을 굴려야 할까? 자신에게 맞는 상품이 어떤 것인지조차 판단하기 힘들 정도로 금융 상품은 갈수록 다양하고 복잡해진다. 이런 때일수록 다른 사람들은 어떻게 자산을 형성하고 있는지 궁금하게 마련이다. 비슷한 연봉을 받는 동년배인 사람들과 비교할 때 자신의 저축과 지출은 적정한 수준을 유지하고 있는 것일까?

금융 시장뿐 아니라 방송과 인터넷, 서점가에도 재테크 열풍이 뜨겁다. 제한적인 자산을 효율적으로 늘리고, 합리적으로 소비하는 방법을 찾는 사람들로 붐빈다. 재테크 열풍은 일시적으로 번졌다가 금세 시들해지는 유행과는 다르다. 얼짱, 몸짱 열풍과는 비교할 수 없이 중요한 문제다. 평생직장의 개념이 사라지는 한편, 평균 수명이 길어지는 시대에 자산 관리는 행복한 삶을 살기 위한 필수적인 준비이기 때문이다.

결혼 적령기가 늦춰지고 일에 매달리는 싱글 여성들이 늘어나면서 여성에게도 재테크는 결코 피할 수 없는 현실이 됐다. 단지 1%의 수익을 더 얻는 기법 차원의 재테크를 말하는 것이 아니라, 현재와 미래의 행복한 삶을 위해 건전한 투자에 대한 교육이 어느 때보다 절실히 요구되는 시점이다. 그러나 아직도 재테크를 어렵게 생각하는 여성들이 적지 않다. 남녀노소 가릴 것 없이 재테크를 말하고 나름대로 전략을 세우지만, 재테크에 익숙하지 않은 이들에게는 어렵게만 느껴지는 게 사실이다. 금융 상품에 대한 지식이 부족한 데다 자신의 투자 성향조차 제대로 파악하지 못한 채 부화뇌동하여 투자에 손을 댔다가 씁쓸한 결과를 만드는 허탈한 경험을 한 이들도 적지 않다. 이런 상황에 놓인 여성들에게 전문가는 멀게만 느껴지고, 속 시원하게 이야기를 나눌 주변 사람도 많지 않다는 것이 더욱 문제다.

이 책은 재테크를 어렵게 생각하거나 막상 실천해도 소기의 목적을 달성하기 어려운 여성들에게 하나의 작은 밀알이 될 것이라 확신한다. 재테크에 푹 빠져 있는 30세 전후의 여성들을 만나 이들의 재테크 이야기를 여과 없이 담았기 때문에 자연스럽게 동기부여가 될 뿐 아니라, 선배나 옆집 이웃에게 이야기를 듣듯 편안하게 재테크에 대한 이해를 넓힐 수 있다.

이 책에 등장하는 인물은 다양하다. 고소득의 전문직에 종사하는 여성도 있고, 많지 않은 수입을 알뜰살뜰 관리하며 내일을 꿈꾸는 여성도 있다. 서른 살을 훌쩍 넘겼지만 싱글의 자유에서 벗어나지 못한 이들도 있고, 가사와 육아에 일까지 세 가지를 병행하는 이들도 있다. 또 '못 먹어도 Go'를 외치는 공격적 성향의 투자자가 있는가 하면, 원금 보전을 제1의 원칙으로 생각하는 보수적인 투자자도 등장한다. 한때 무분별한 소비로 커다란 위기를 맞았다가 이를 악물고 극복해낸 의지의 여성도 만났다. 30대 초반에 과감하게 99m²(30평)대 아파트에 투자해 고수익을 올린 사연과 일찍이 눈을 해외로 돌려 중국 주식에 투자한 경험담, 영화 예매율과 백화점 할인 기간을 챙기듯 펀드 수익률과 운용의 특징을 꿰고 있는 아마추어 고수의 이야기도 실었다. 단순히 돈을 모으고 투자수익을 올린 성공담뿐 아니라, 돈에 대한 그녀들의 마인드와 재무설계 전략도 함께 엿볼 수 있다.

필자가 만난 여성들은 제각각 다른 투자 성향과 재테크 목적이 있지만, 탄성을 자아내게 하는 몇 가지 공통점을 찾을 수 있었다.

우선 그녀들은 적극적이다. 투자 성향이 보수적인 이들조차 더 만족스러운 결과를 얻기 위해 공을 들였다. 예쁜 화초를 가꾸듯 열심히 일해 얻은 종자돈이 깊고 튼튼하게 뿌리를 내리고 건강하게 자라 탐스러운 열매를 맺을 수 있도록 양질의 토양과 거름을 찾는 데 열심이었다. 그녀들에게 '내집 마련은 결혼할 때 남자의 몫'이라는 생각은 시대에 뒤떨어진 고정관념에 불과했다.

그녀들은 솔직하다. 처음에는 말을 아끼던 이들도 부자가 되고 싶다는 속마음과 의지를 숨김없이 털어놓았다. 자칫 지나치게 돈을 밝히거나 삶의 가치 중 상당 부분을 돈에 두었다가 '속물'이라는 소리를 듣게 될지도 모른다는 두려움 따위는 찾을 수 없었다. 그녀들에게 자산을 관리하는 일은 피부를 가꾸듯 스스로를 아끼고 사랑하는 방법 중 하나다.

그녀들은 똑똑하다. 온몸으로 부딪히면서 투자를 해온 덕에 경제신문 기자보다 더 깊은 지식과 안목을 갖추었다. 남들이 좋다는 주식이나 펀드에 시선이 꽂히는 '묻지마 투자'를 일삼는 사람들과는 거리가 멀었다. 자신의 업무와 연관이 없는 분야지만, 평소 재테크 서적과 여러 가지 매체를 통해 필요한 정보를 습득한 결과다.

또한 그녀들은 멋있다. 놀랄 만큼 재테크에 치밀하지만, 돈을 모으느라 주위 사람들을 돌아보지 않거나 삶의 질 따위는 안중에도 없는 맹목적인 재테크와는 거리를 두고 있었다. 배고픈 다이어트가 싫은 것처럼 그녀들에게 배고픈 재테크는 사절이다. 한 푼이라도 더 모으느라 자기 관리에 소홀하다는 얘기를 들을 만큼 빈틈을 보이는 여성들이 아니다.

그녀들을 만나면서 필자는 많은 것을 배우고, 자극받고, 고루한 생각의 틀을 깰 수 있었다. 이 책을 읽는 독자들에게도 그녀들의 재테크 이야기가 유익한 정보와 친절한 가이드가 되었으면 하는 바람이다. 남다른 조건을 가진 것이 아니라 스스로의 힘으로 슬기롭게 자산을 형성해가는 여성들의 이야기를 통해 '한 수' 배워보자는 데 이 책의 목적이 있다. 특히 책을 읽은 독자들이 좀더 높은 수익을 얻을 수 있는 금융정보를 얻는 데 그치지 않고, 재테크에 대한 건강한 관점을 세울 수 있다면 작은 보람을 느낄 수 있을 것이다.

마지막으로 책에 소개된 인물 중 개인적인 사정 때문에 경우에 따라 가명을 사용했음을 밝히며 독자들의 양해를 구한다. 어쩌면 혼자 간직하며 아끼고 싶었을 이야기를 인터뷰를 통해 기꺼이 공개해 준 이 책의 주인공들에게 다시 한 번 머리 숙여 감사를 드린다.

광화문에서

황 숙 혜

차례

••• **제3장** 사람을 움직이는 재테크의 기술

● ● ● **제6장** 내집 마련을 위한 역발상 부동산 전략

센스 있는 여자들의
생활 재테크 전략

목돈 마련은
푼돈 관리부터 시작하라

30대의 젊은 나이에 부자가 된 골드미스들의 돈 관리 습관을 알아보면 공통점이 존재한다. 그녀들은 돈을 모으는 일 못지않게 쓰는 일에도 남다른 노하우를 발휘한다. 자산을 형성하는 데 많이 버는 것보다 현명하게 소비하는 것이 중요하다는 사실은 고금의 진리다. 정작 꼭 필요한 곳에 쓰기도 전에 쓸데없이 나가는 푼돈을 제대로 관리해야 폼 나게 지출하고 실속 있게 모을 수 있다.

가랑비에 옷 젖는 것처럼 너무 적은 금액의 지출이라 크게 신경 쓰지 않다가 부지불식간에 출혈이 커질 수 있다. 그렇다면 쓸데없이 나가는 푼돈에는 무엇이 있는지, 또한 푼돈 관리는 어떻게 하면 되는 것인지, 지금부터 푼돈 관리의 달인들을 만나보자.

30대 중반, 유명 출판사의 팀장 자리에 오른 장혜옥 씨. 연봉이 꽤나 높지만 박봉 시절 몸에 밴 생활 습관을 버리지 못한다.

점심시간을 이용해 은행 볼일을 보러 간 혜옥 씨는 A은행에서 30만 원을 인출해 길 건너편 B은행으로 향했다. 바쁜 점심시간이라 10분 남짓 줄을 서서 기다린 혜옥 씨는 자동화기기를 이용해 30만 원을 B은행 통장에 입금했다. 타행 이체를 하지 않고 직접 해당 은행을 방문하여 입금하기 위한 것이었다. 폰뱅킹이나 인터넷 뱅킹을 이용하면 앉은자리에서 1분 만에 처리할 수 있는 일을 가지고 왜 이런 유난을 떠느냐고 정색할 수도 있다.

"대부분의 사람들이 목돈에는 벌벌 떨면서 푼돈은 우습게 보는 경향이 있어요. 그래서 은행 수수료를 만만히 보곤 하죠. 하지만 출금을 할 때, 타 은행 자동화기기를 사용하면 1,000원 안팎의 수수료가 들죠. 또 타행 이체의 경우, 수수료가 1,000원이 넘는 곳도 있어요. 폰뱅킹과 인터넷 뱅킹을 이용해도 수수료가 500원 정도 붙어요. 가뜩이나 은행 거래가 많은데 이런 돈을 신경 안 쓰고 이용하다 보면 한 달에 1만 원 가까이 새 나가는 건 일도 아니죠. 그게 1년이면 10만 원이 훌쩍 넘는다는 얘기인데, 이 돈이면 옷 한 벌을 충분히 살 수 있잖아요!"

모으는 것만큼이나 쓰는 것도 중요하다. 물론 반드시 써야 할 일에 자린고비 행세를 해서는 안 되지만, 적어도 허술하게 새 나가는 부분이 있어서는 곤란하다는 얘기다.

"수중에 들어온 돈을 절대 못 나가게 틀어막으며 생활하진 않아요.

내가 좋아하는 것이나 필요하다고 생각되는 곳에 지출하는 것을 아까워하진 않죠. 이번에도 등산을 시작하기로 결심하고 등산화와 등산복, 몇 가지 필요한 장비를 구입하는 데 40만 원 가까이 썼어요. 그에 비하면 계좌이체 수수료 500원이 뭐 아깝냐고 하겠지만 이건 불필요하게 새 나가는 돈이기도 하고, 조금만 부지런을 떨면 줄일 수 있는 지출이잖아요."

재테크 전문가들도 푼돈 관리의 중요성은 빠뜨리지 않고 강조하는 부분이다. 고가의 물건을 살 때 고민하고 따져보기를 수차례 하는 것으로 스스로를 알뜰족이라고 생각한다면 착각이다. 진정한 고수는 주머니 속 작은 틈으로 몇백 원, 몇천 원씩 빠져나가는 지출을 관리하는 데서 진가를 드러낸다.

 ••• ## 할인 마트 갈 땐 장바구니를 챙겨라

지방 사립대에서 사진학과 조교수로 재직중인 김혜원 씨(34세)도 푼돈 관리에서는 남 못지않은 실력을 발휘한다. 서울에서 대구로 내려와 생활하기 때문에 생활비 관리에 더욱 신경이 쓰이는 혜원 씨는 집 바로 앞의 슈퍼마켓에 가는 일이 거의 없다. 대형 마트가 걸어서 20분쯤 걸리는 곳에 있지만, 필요한 물건은 적어두었다가 한꺼번에 구입하는 일이 몸에 배었다.

마트는 할인 혜택이 크기 때문에 슈퍼마켓에서 조금씩 사는 것보다 훨씬 저렴하게 쇼핑할 수 있다. 또 아무리 싼 물건도 모아서 사게 되면 5,000원 이상 지출하기 때문에 연말 소득공제에 필요한 현금영수증을 받을 수 있다. 뿐만 아니라 한가한 주말 저녁을 이용해 쇼핑하면 아침 식사 대용으로 먹는 바나나와 호박죽을 반값에 살 수도 있다. 칫솔이나 치약, 샴푸, 주방 세제 등 각종 생필품의 폭탄 세일도 동네 슈퍼마켓에서는 볼 수 없는 일이다.

마트를 이용해 저렴한 가격에 물건을 사지만 혜원 씨는 봉투 값조차도 버리지 않는다.

"마트에서 물건 살 때 비닐봉지를 따로 구입하면 50원을 내야 해요. 금액의 크고 작고를 떠나 불필요한 지출이기도 하거니와, 집에 와서 구입한 물건을 모두 꺼내고 나면 큼지막한 비닐봉지는 달리 쓸 곳도 없어 집 한구석에 쌓여 자리만 차지하더군요. 이렇게 모인 봉지를 들고 마트에 가 환급받는 것이 귀찮아 이제는 장바구니를 따로 마련해 들고 다녀요."

이 밖에도 생활 습관을 통해 절약할 수 있는 부분이 적지 않다. 각종 공과금과 휴대 전화 요금은 납기일 내에 내도록 한다. 깜빡 잊고 있다가 납기일을 넘겨서 내는 연체료 역시 불필요한 지출이다. 뿐만 아니라 앞으로 공과금 납부 실적은 개인 신용에도 영향을 미치기 때문에 각별히 신경을 써야 한다. 또한 비디오나 DVD 테이프를 빌린 후 제때 반납하지 않아 대여료보다 높은 연체료를 내는 것도 버려야 할 습관 중 하나다.

간혹 '나 홀로 가구'의 싱글 여성들이 유선 전화를 두지 않고 모든 통화를 휴대 전화로 하는 경우가 있는데, 이런 생활 습관은 재테크에 독이다. 집에서 유선 전화 쓰듯 휴대 전화로 친구들과 수다를 떨다보면 전화요금이 10만 원을 훌쩍 넘기기 일쑤기 때문이다.

요즘은 유선 전화 서비스가 다양해져, 인터넷과 함께 신청하면 반 값으로 할인해주는 상품이나 옵션을 선택해 무제한 통화를 제공받을 수도 있다. 이러한 점을 이용해 집에서도 요금 부담 없이 통화하는 것이 돈을 절약하는 습관이다.

 ● ● ● '마이카'를 모시고 살지는 않는가

이름만 대면 누구나 알 만한 회계법인에서 일하는 회계사 노민하 씨(31세). 민하 씨는 친구들보다 연봉이 많게는 두 배 이상인 회계사다. 고소득 전문직의 소위 '잘나가는' 여성에 속한다. 그 정도 능력이면 명품으로 온몸을 치장하고, 잔뜩 광을 낸 자동차를 몰고 다닐 것 같지만 의외로 민하 씨는 3년째 '뚜벅이' 생활을 하고 있다.

민하 씨가 자동차가 없다는 이야기를 하면, 주위 사람들은 있는 사람이 더 한다며 핀잔을 준다. 또 요즘같이 웬만한 중산층이라면 다 자기 차를 갖고 있는 세상에 차가 없으면 '원시인'이라며 농담하는 친구도 있단다. 물론 민하 씨도 이른 아침부터 밤늦게까지 이어지는 근무에 시달리면서 대중교통을 이용하기가 힘들고 불편하다. 그래서 경차를 한 대 구입한 적이 있다.

"기업들 결산 시즌이면 일이 너무 늦게 끝나 택시 타는 일이 잦아요. 그런데 택시를 타고 다니자니 밤길이 무섭기도 하고 택시비도 만만치 않아서 마티즈를 장만했죠. 그런데 막상 차를 타고 다니다 보니 편리한 점보다 불편한 점이 더 많더군요. 막힌 도로에서 운전대를 잡고 있기도 힘들었고, 어떤 날은 차가 집까지 데려다 주는 것이 아니라 차를 모셔다 놓으려고 운전을 하고 있다는 생각마저 들었어요."

출퇴근 시간의 편의를 위해 큰맘 먹고 자동차를 구입했는데 만성적인 교통 대란 속에서 핸들을 잡기란 결코 호락호락한 일이 아니었다. 편리함은 간데없이 오히려 힘겹기까지 했다. 아침에 조금만 서두르면 좌석버스에 앉아서 오히려 편하게 출근할 수 있기 때문에 자동차를 타고 출근해야겠다는 생각은 이내 없어졌다. 또 경차라고 하지만 기름값에 보험, 세차, 정비까지 받으려면 유지비가 만만찮게 들어간다. 생각다 못한 민하 씨가 애마를 구입한 가격의 80%를 받고 사촌 오빠에게 넘긴 것은 구입한 지 불과 석 달 만이었다.

일자리를 구해 월급을 받기 시작하면 소득과 관계없이 '마이카'를 갖는 것은 기본이고, 외제차를 대하는 심리적인 벽도 상당 부분 허물어진다. 자동차를 갖는 것 자체를 비난할 일은 아니지만, 민하 씨의 생활 태도는 우리 자신을 한 번쯤 돌아보게 한다. 혹여 꽉 막힌 길을 애써 뚫으며 자동차를 모시고 다니는 것은 아닌지, 생활의 편리함을 넘어서 일정 부분 과시욕을 채우기 위해 감당하기 힘든 유지비를 대고 있는 것은 아닌지 말이다.

30대를 깡통 계좌로 시작한 사연

'사회밥'을 5년 정도 먹었다고 하면 적어도 통장 서너 개에 수천만 원쯤 저축했을 것으로 여기기 마련이다. 하지만 모든 세상사가 상식 위에 성립되지는 않는다. 일반적으로 받아들이는 이치와 실제 사이에는 일정 부분 간극이 있다.

펀드 르네상스와 재테크 광풍이라고 하지만 직장의 근무기간이 무색하게 수중에 변변한 통장 하나 갖지 못한 이들이 적지 않다. 들어오는 대로 돈을 쓰고, 없으면 신용 카드 현금 서비스를 받아서라도 쓰기 때문에 빚의 악순환에 갇히기도 한다.

빠를수록 좋다. 이 같은 생활 태도를 하루라도 빨리 버리지 않으면 자본주의 사회에 '경제하는' 인간으로 살아가기 힘들게 된다.

● ● ● 깡통 차는 데는 그만한 이유가 있다

직장 생활 5년차. 어느새 삼십 줄에 들어섰다. 20대는 참 길었다. 학과 수석으로 대학에 진학했고, 재학중에는 성적이 형편없었지만 무사히 졸업도 했다. 칠전팔기 끝에 취업을 했고, 틈틈이 연애를 했으며 결혼에도 골인했다.

인생에서 중요한 일들을 참 많이 한 것 같은데, 정작 챙겨야 할 일에 소홀했다. 통장이라고는 매달 급여가 이체되는 통장 달랑 하나라는 사실이 삼십 줄에 발을 들여놓고서야 긴장감을 느끼게 한다. 그나마도 통장 잔액은 급여가 이체되는 날을 제외하고는 100만 원을 넘기기 힘들다. 연말 소득공제는 신용 카드 외에 달리 챙길 것도 없다.

소규모 잡지사에서 일하는 정지연 씨. 남녀노소 누구 할 것 없이 재테크에 푹 빠진 요즘 같은 세상에 이게 될 소리냐고 하겠지만 나름대로 할 말이 많다.

"친구들은 회사에 취직하자마자 하나같이 세금우대 통장을 만들고 주택청약저축도 들더군요. 근데 그런 장기저축 상품은 처음부터 들 생각을 안 했어요. 한 직장에 진득하니 오래 붙어 있을 자신이 없었거든요."

••• 잘못된 생활 습관이 가난 불러

사상 최대라는 취업난 속에서 정지연 씨가 옮겨 다닌 회사는 일곱 군데. 중간 중간 몇 달씩 백수 생활도 했다. 워낙 쥐꼬리 월급인 데다 그나마 통장에 모인 것도 몇 개월 백수로 지내다 보면 바닥을 드러내기 일쑤였다.

"3년 만기 적금이라고 하나 들었으면 쉽게 사표를 내지 못했을 것 같기는 해요. 그런데 적금을 부어야 하기 때문에 다니기 싫은 회사를 억지로 다녀야 한다면 너무 우울한 일이잖아요. 통장에 얽매이기 싫었어요. 물론 돈도 중요하지만 일을 하면서 성취감이나 만족감을 얻는 게 우선이죠."

재테크도 가진 게 있을 때 이야기다. 최근 몇 년 동안의 적립식 펀드 광풍 속에서도 주식시장에는 눈길 한 번 주지 않았다. 한 달에 10만 원씩만 부으면 적으나마 종자돈을 만들 수 있는 상품이 있는지조차 몰랐다. 평소 경제지를 꼼꼼하게 보는 일이 없으니 정보에 어두울 수밖에. 사실 삼성전자 주가가 얼마인지, 코스피 지수가 어디까지 올랐는지 몰라도 사는 데는 아무런 지장이 없었다. 주식은 투기꾼이나 하는 일이고, 증권사 영업맨은 다 거짓말쟁이라고만 생각했다.

결혼을 하고 나서는 여유가 더 없어졌다. 집안에 웬 경조사가 그렇게 많은지. 무엇보다 가난한 남자와 결혼하면서 대출로 전세 자금을 마련했더니, 이걸 갚느라 허리가 더 휠 지경이다.

둘이 합쳐 4,000만 원이 채 안 되는 연봉으로 대출금 갚고, 경조사

챙기고, 기본적인 생활을 꾸리다 보면 변변한 옷 한 벌 마련하기도 쉽지 않다. 생일이나 결혼기념일에 근사한 레스토랑에서 외식하는 것은 10년쯤 후에나 가능할까? 결혼 10주년에는 남들 다 한다는 해외여행을 계획할 수 있을까?

사실 담배 끊고 술값만 줄여도 적금 통장 하나는 만들 수 있을 것 같다. 하지만 과일 값을 아낄지언정 한 갑에 2,500원 하는 담뱃값은 전혀 아깝지 않다.

"시장에 가서 10개에 3,000원 하는 귤을 살까 말까 망설였더니, 옆에 있던 동생이 뭘 그런 것까지 아끼느냐고 한 소리 하더군요. 하긴 담배 한 갑 안 사고 과일 먹으면 돈도 아끼고 건강에도 좋을 텐데, 알면서도 실천이 잘 안 돼요."

음주도 마찬가지다.

"술값요? 한 달에 평균 20만~30만 원 정도 되죠. 줄일 생각이 없냐고요? 달리 사치하는 것도 없는데 좋아하는 사람들이랑 어울리는 것마저 자제하라는 건 너무 가혹하잖아요. 그 돈 아끼면 겨울에 괜찮은 알파카 코트 하나 살 수 있겠지만, 그렇게 삭막하게 사는 건 내 스타일이 아니에요."

사실 담뱃값 아껴 얼마나 돈을 모을 수 있을까 싶지만 시간이 지나면 무시 못할 금액이 된다. 하루 2,500원씩 한 달을 모으면 7만 7,500원, 1년이면 93만 원이지만, 이를 연 5.3% 복리로 굴리고, 매년 아낀 담뱃값을 재투자하면 1년에 97만 원, 5년에 544만 원, 10년에 1,200만 원가량을 모을 수 있다. 이 때까지는 원금 930만 원과 비교했을 때

담뱃값 절약의 복리 효과

기 간	원 금	복리로 재투자
1일	2,500원	–
1개월	7만 7,500원	–
1년	93만 원	97만 9,290원
5년	465만 원	544만 3,719원
10년	930만 원	1,249만 1,259원
20년	1,860만 원	3,342만 7,075원
30년	2,790만 원	6,851만 6,286원
40년	3,720만 원	1억 2,732만 7,119원

* 연 5.3% 복리

큰 차이가 나지 않을 것 같지만 투자기간이 길어질수록 복리 효과는
엄청난 차이를 나타낸다.

 ●●● 소득보다 씀씀이가 관건

30대를 깡통 계좌로 시작하는 건 수입과 크게 상관이 없다. 대치동의
165m²(50)평대 아파트에 사는 최인아 씨. 중견 그룹에 다니며 4,000만
원에 가까운 연봉을 받는데, 옆에서 언뜻 봐도 소득보다 지출이 많은
것이 분명하다.

"재테크라고요? 한 달에 5만 원 저축하기도 힘들어요."

주위 사람들은 그녀의 씀씀이가 부유한 가정에서 태어나 어릴 때

부터 명품에 길들여진 데서 비롯된 것이라고 결론을 내렸다.

의사인 아버지와 대학교수인 어머니 사이에서 태어났다. 양말 한 켤레도 백화점 물건이 아니면 가까이하지 않았으니, 주위의 눈이 정확한 셈이다. 얼마 전 생일 땐 아버지에게서 2,000만 원을 호가하는 자가용을 선물로 받았다.

대학 때 그 흔한 과외 아르바이트 한 번 하지 않았다. 학점 관리하고, 방학 땐 배낭여행 가는 것만으로도 시간이 부족했다. 졸업 전에 미국으로 어학연수도 다녀왔다. 유학도 아니고 어학연수 가서 자가용으로 등교하는 사람은 흔치 않다. 사실 자가용은 등교뿐 아니라, 연수 중 틈틈이 여행하는 데도 여간 편한 것이 아니다.

세상은 넓고 가보고 싶은 곳은 지금도 너무 많다. 아직 미혼인 인아 씨는 웬만한 신혼 여행지는 모두 섭렵한 상태지만, 결혼 상대자를 찾기가 쉽지 않을 것이라며 주위에서 입을 모은다.

대학을 졸업하고 취직을 했으니 경제적으로 독립하는 것이 당연하겠지만, 연봉에 맞춰 생활수준이나 씀씀이를 낮추는 건 인아 씨에게는 있을 수 없는 일이다.

"취업한 후로 따로 용돈을 받진 않아요. 웬만하면 지출도 월급으로 해결하려고 노력중이지만 늘 부족해요. 그렇다고 무턱대고 소비를 줄일 수 있나요. 버버리 스커트에 10만 원짜리 구두를 신을 순 없잖아요. 취업하기 전까지 아쉬운 것 없이 살았고, 지금도 우리 집은 그대로인데 나만 가난하게 살아야겠어요?"

여름과 겨울 휴가만 해도 1년에 두 번은 해외로 여행을 갈 수 있다.

연휴까지 이용하면 가까운 동남아를 한두 군데 더 가볼 수 있다. 면세점 쇼핑은 해외여행 전에 거치는 '필수 코스'다. 떨어진 화장품이며 필요한 옷가지를 이때 구입한다. 지갑이나 목걸이는 충동구매로 사 모은 것만 해도 화장대의 서랍 한 칸을 빼곡하게 채운다.

어느 드라마의 여주인공이 차려입은 의상과 핸드백, 구두, 메이크업, 보석을 다 합치면 수억 원대라는 기사가 스포츠 신문에 자주 등장한다. 수억 원까지는 아니지만 인아 씨의 차림도 소형차 한 대 값은 너끈히 나가 보인다.

통장에 잔고가 바닥이긴 마찬가지여도 현실에 대한 생각은 서로 다르다. 인아 씨가 아직 느긋한 반면, 지연 씨는 요즘 들어 예전에 없던 불안감을 느낄 때가 있다.

"지금까지 아주 잘못 살았다고 생각하거나 자책하지는 않아요. 그런데 이대로는 안 될 것 같아요. 서른 살부터는 좀 달라져야 할 것 같다는 생각이 들죠. 부모님한테 물려받을 재산이 있는 것도 아니고, 그렇다고 따로 공부를 더 해서 연봉을 올릴 계획이 있는 것도 아니에요. 이제 아이도 가져야 하고, 언제까지 전셋집을 전전할 수도 없는 노릇인데 가진 게 없이는 아무것도 할 수가 없겠더군요."

어디서부터 시작해야 할지도 막막하던 지연 씨는 2006년 12월에 누구나 하나쯤 갖고 있는 장기주택마련저축 통장부터 만들었다. 급여이체 통장에 들어 있던 돈을 털고, 남편의 월급 통장까지 동원해서 첫 달에 300만 원을 적립했다. 1분기에 적립할 수 있는 최대 금액인 300만 원을 넣고 소득공제 혜택을 최대한 볼 계산에서다.

가입기간이 7년 이상이어서 부담이 적지 않지만, 나중에 통장을 해지하는 일이 생기더라도 일단 시작하기로 했다. 장기주택마련저축은 소득공제와 함께 비과세 혜택도 있지만, 가입 후 3년 안에 해지하면 소득공제 받은 부분을 토해내야 한다. 비과세 혜택도 없다. 5년 이상 경과한 후 해지하면 소득공제 혜택은 그대로 받을 수 있지만 비과세 혜택은 사라진다. 비과세 혜택을 받으려면 가입기간을 7년 이상 유지해야 한다.

소득공제는 연간 불입 금액의 40%까지, 300만 원 이내에서 받을 수 있다. 따라서 소득공제를 목적으로 한다면 1년에 750만 원 이상 적립할 필요는 없다.

이자율은 은행마다 다르다. 수시 변동이나 매년 변경되는 경우도 있고, 3년까지 확정 금리를 지급한 후 변동 금리로 바뀌는 상품도 있다. 분기당 적립해야 하는 최소 금액도 은행에 따라 다소 차이가 있지만 대개는 1만 원이다.

"너무 늦게 시작한 것 같긴 하지만 그래도 급여 이체 통장 이외에 다른 걸 가졌다고 생각하면 뿌듯해요. 통장에 있는 잔액이 아직은 보잘것없지만 든든하기까지 하네요."

깡통 계좌 신세는 수입의 문제보다 생활 태도와 소비 행태에서 비롯된다. 많이 번다고 반드시 부자가 되지도 않고, 남들보다 연봉이 낮다고 평생 가난하게 살란 법도 없다. 소득에 맞게 쓰고 저축하는 것이 재테크의 기본이다.

스타일은 지키되
자신만의 노하우를 가져라

스타일을 살리면서 폼 나게 재테크도 할 수 있는 묘책이 뭐 없을까? 굶지 않는 다이어트 방법을 찾는 것만큼이나 중차대한 지상 과제다. 저축을 위해 명품 구두를 포기하고, 택시 대신 지하철을 탈 수는 있다. 하지만 친구의 생일이나 직장 동료의 결혼식, 가족의 경조사를 모른 채 넘어갈 수는 없다. 사람을 잃으면서 억만금을 모은다고 한들 무슨 의미가 있겠는가. 재테크는 주어진 조건하에 좀더 풍요로운 삶을 영위하기 위한 수단일 뿐, 인간관계를 황폐화하면서까지 맹목적으로 좇아야 하는 미션이 되어서는 안 된다.

기품 있게 지갑을 열면서 여우처럼 자산을 불리는 고수들을 만나보자.

돼지저금통 200% 활용 비법

돼지저금통이 초등학생의 전유물이라고 생각하면 오산이다. 남녀노소를 막론하고 돼지저금통은 푼돈 관리의 필수품이다.

한 무역회사의 기획실 주임인 오윤실 씨(28세)는 500원짜리 동전이 생기면 무조건 돼지저금통에 넣는 습관이 있다. 물론 그렇게 1년 동안 꼬박 모아봐야 50여만 원 정도밖에 안 된다. 적금이나 펀드와는 비교도 안 되는 금액이지만 목돈이 나갈 일이 생길 때는 요긴하게 쓰인다.

나이가 들수록 챙겨야 할 경조사가 많아진다는 윤실 씨. 친구 결혼식에 직장 선배의 아기 돌잔치, 조카들 용돈까지 챙길 일이 한두 가지가 아니다. 특히 쌍춘년이던 2006년 하반기에는 하루에 두 건의 결혼식을 소화해야 하는 주말이 적지 않았단다. 이런 크고 작은 이벤트를 챙기려면 샐러리맨의 주머니에는 커다란 구멍이 생기게 마련이다.

이때 윤실 씨가 활용하는 것이 바로 돼지저금통이다. 돼지저금통에 모인 돈이 경조사비를 충당하느라 얇아진 지갑을 요긴하게 채워준다. 경조사비는 예상외 지출이기 때문에 미리 지출 계획을 짜는 일이 쉽지 않다. 때문에 틈틈이 푼돈을 모으는 것으로 현금 흐름의 경색을 막고, 가계의 혈액 순환을 원활하게 유지해나갈 수 있다.

사실 500원은 지갑에 있어도 존재 가치가 그리 크지 않다. 언제, 어떻게 썼는지 신경 써서 일일이 챙기지도 않는다. 주머니에서 부지불식간에 빠져나가는 푼돈이지만, 모이면 일시적인 적자 인생이 될 수 있는 위기에서 구해줄 만큼 큰 힘을 발휘한다.

돼지저금통 노하우를 가진 윤실 씨. 쇼핑에도 허술함을 보이지 않는다. 아무리 재테크가 중요하다고 하지만 스타일을 죽이면서까지 돈을 모으고 싶지는 않다는 여성들. 하지만 스타일을 살리자고 백화점과 친하다가는 낭패를 볼 수 있다. 입과 뱃속을 기쁘게 하면서 동시에 살을 빼는 일이 불가능에 가까운 것과 같은 이치다. 윤실 씨 역시 촌스럽다거나 빈티 난다는 말을 듣는 것은 딱 질색이다. 명품으로 온몸을 휘감고 다니면서 사람들의 시선을 끌고 싶은 것은 아니지만, 적어도 흐트러진 모습을 보이거나 자기 관리에 허술하다는 인상을 남기고 싶지는 않다.

"백화점에 왜 안 가요, 가죠. 꼭 필요한 물건이 없을 때도 아이쇼핑하러 가는걸요. 최신 트렌드도 알아둘 겸해서요. 그렇다고 절대 충동구매를 하지는 않아요."

평소 이렇게 백화점에서 물건을 봐두는 것이 윤실 씨의 쇼핑 노하우라면 노하우이다.

지난해 간절기에 입을 카디건을 하나 갖고 싶었던 윤실 씨. 회사 근처에 있는 H백화점으로 향했다. 역시나 가격이 만만치 않았다. 마음에 들고 안 들고를 떠나 눈을 씻고 봐도 10만 원 아래로는 물건을 찾기 힘들었다. 매장을 두 바퀴쯤 돌았을 때 시선을 확 사로잡는 물건이 눈에 띄었다. 마네킹에 입혀져 전시된 랩 형의 독특한 갈색 니트였다.

하지만 그 니트를 발견한 기쁨도 잠시, 23만 원이라는 가격에 살 마음이 확 사라졌다.

그렇다고 아무거나 싼 가격에 맘에 들지 않는 스타일을 살 윤실 씨가 아니다. 윤실 씨는 한 달 정도 기다려보기로 했다. 어차피 아직 날씨가 쌀쌀해 카디건 하나만 입기엔 무리라고 생각했다.

한 달 뒤, H백화점으로 다시 아이쇼핑을 나간 윤실 씨는 점찍어두었던 그 니트가 옷걸이에 걸려 할인 판매되고 있는 것을 보았다. 가격이 16만 원으로 30% 정도 할인된 가격이다. 하지만 윤실 씨가 타협할 만한 가격은 아니었다.

다시 3주 후, 백화점 식당에서 식사를 하고 쉬엄쉬엄 아이쇼핑을 하기 시작했다. 마침 점찍어둔 니트가 걸려 있던 매장 앞을 지나는데, 매장 앞 매대에서 바로 그 니트가 4만 5,000원에 판매중이다.

"망설이지도 않고 샀죠. 사실 매대에 아무렇게나 놓여 있어 눈여겨보지 않았다면 못 알아볼 뻔했죠. 백화점에서 구입할 때는 웬만하면 정가를 주고 구입하지 않아요. 백화점 물건이 좋더라도 사실 거품도 많거든요. 거품이 쫙 빠지면 그때 가서 구입하는 거죠."

 ••• 카드 포인트 세상에 살아라

요즘 세상에 한 편에 8,000원 하는 영화를 제값 다 내고 보면 바보 취급을 당하기 십상이다. 게임이나 포털 사이트에서 콘텐츠를 이용할 때도 신용 카드를 긁는다면 현대인의 소비문화에서 한참 뒤떨어져 있다고 볼 수 있다. 각종 카드의 포인트가 현금 행세를 하는 세상인 데 말이다.

외국계 패밀리 레스토랑의 매니저인 허희연 씨(31세)는 재테크의 기본은 포인트 사용에 있다고 힘주어 말한다. 자랑하듯 펼쳐 보이는 두툼한 지갑 속에는 10여 장의 카드가 빼곡하다. 신용 카드와 통신 카드, 화장품 카드, 마일리지 카드까지 종류도 다양하다.

희연 씨는 가장 애용하는 카드라며 '커피 카드'를 꺼내 보인다. 그 카드는 한 시중 은행에서 발급해준 것으로, 스타벅스를 포함한 6개의 커피 전문점에서 할인 혜택을 받을 수 있다. 할인율도 최고 15%까지 가능하다. 희연 씨는 때마침 연회비를 평생 할인해주는 이벤트 기간에 만들어 연회비용도 아꼈다.

희연 씨의 포인트 사용 감각은 여기서 그치지 않는다. 최근에 서울에서 혼자 자취를 하게 된 희연 씨는 카드 포인트로 집안 살림들을 장만하기도 했다. 다리미와 프라이팬, 무선 청소기, 수건 세트 등을 카드사 쇼핑몰에서 포인트로 장만했다.

"사야 할 물건이 있으면 우선 포인트를 확인하고 포인트 전문 쇼핑몰 사이트를 둘러보곤 해요. 포인트도 턱없이 모자라고 포인트몰에 원하는 상품이 없다면 다른 데서 구입하겠지만, 그렇지 않은 경우에는 포인트몰을 이용하죠. 돈이 굳는 느낌이에요."

하지만 이 정도는 기본이다. 영화 관람료나 에버랜드 입장료를 할인 받고, 포인트로 인터넷 쇼핑몰에서 물건을 구입하는 것은 포인트 사용의 첫걸음에 불과하다.

"이 밖에도 자동차를 구입할 때 할인 받을 수 있는 신용 카드, 쓰는 만큼 항공사 마일리지로 적립되어 비행기 티켓을 무료 또는 할인 가격에 구입할 수 있는 신용 카드, 자동차 주유할 때 포인트만큼 할인 받는 신용 카드까지 포인트의 세계는 무궁무진하답니다."

포인트 고수들은 연회비 한 푼 안 내고도 무이자 할부 서비스를 이용하는가 하면, 여기저기 흩어진 포인트를 묶어서 쓰기도 한다. 그렇다고 포인트를 쓰기 위해 필요 없는 물건을 사는 것은 있을 수 없다.

포인트 고수인 희연 씨는 짬날 때마다 인터넷 사이트에서 쇼핑을 즐긴다. 그러나 희연 씨가 즐겨 찾는 인터넷 쇼핑몰은 보통 사람들이 드나드는 사이트와는 다르다.

 ● ● ● '포인트 쇼핑몰', 들어봤나요?

희연 씨는 통합 포인트 쇼핑몰을 애용한다. 포인트 통합 사이트는 말 그대로 여러 신용 카드에 쌓여 있는 포인트를 모아서 쓸 수 있는 곳이다.

"포인트는 한 번 적립되었다고 평생 이용할 수 있는 게 아니에요. 유효기간이 정해져 있으니까요. 그렇다고 포인트 사용을 위해 굳이 필요 없는 물건을 산다면 그것도 낭비가 아닐까요? 이때 통합 포인트

쇼핑몰을 이용하면 여러 카드의 포인트를 모아 사용할 수 있어, 웬만한 상품은 거의 장만할 수 있어요. 이런 식으로 필요한 물건을 사면 포인트 양이 모자라 몇 포인트를 쓰지 못한 채 버리는 것보다는 몇 배 현명한 방법이라고 생각해요.”

잘 알려진 포인트 통합 사이트는 포인트파크(www.pointpark.com), 넷포인츠(www.netpoints.co.kr) 등이 있다. 포인트 통합 사이트를 이용하면 자신도 모르는 사이에 누적된 포인트를 흘리는 일 없이 알뜰하게 쓸 수 있다. 모아서 사용하니까 얼마 안 되는 포인트도 활용성을 높일 수 있다.

희연 씨가 포인트 통합 사이트를 애용하는 이유는 자신이 쓰는 삼성카드와 KB카드를 포함해, 현재 가입되어 있는 통신사와도 제휴가 되어 있어 활용도가 매우 높기 때문이다. 주로 자신이 쓰는 카드사와 제휴되어 있는 포인트몰을 이용하게 되면, 굳이 포인트 적립을 위해 과소비를 할 필요가 없어진다. 또 만약 포인트가 모자랄 경우에는 부족한 금액을 다른 결제 수단으로 채울 수도 있다.

포인트를 쓰는 데도 희연 씨처럼 요령이 필요하지만, 적립하는 데도 요령이 필요하다.

의류 도매업으로 성공한 30대 중반의 최재영 씨는 자동차 주유를 정해진 날짜에 한다. 일부러 매달 3일이나 6일, 아니면 9일 중 하루를 택해 주유소로 향하는 것. 재영 씨가 가진 신용 카드는 세 날짜 중 하루를 택해 특정 주유소에서 기름을 넣으면 추가 포인트를 적립해주기 때문이다. 어차피 써야 하는 비용이라면 조금이라도 혜택을

포인트 통합 또는 교환 사이트

사이트명	URL	특 징
포인트파크	www.pointpark.com	BC카드, KB카드, 현대오일뱅크 등의 포인트를 자사 포인트로 교환
넷포인츠	www.netpoints.co.kr	BC카드, yes24 등의 포인트를 자사 포인트로 교환
포인트아울렛	www.pointoutlet.com	BC, LG, 삼성카드 등의 포인트를 통합 사용
다음 폼 카드	pomm.daum.net	교보문고, 메가박스 등 20여 개 제휴사의 포인트 통합
포인트뱅킹	www.thiat.com	현대카드, 이동통신 3사 등의 포인트를 자사 포인트로 교환

더 받는 것이 현명한 소비 습관이라는 게 재영 씨의 지론이다.

이 밖에도 포인트를 현금과 더욱 가깝게 변신시키는 방법도 있다. 누적된 포인트를 상품권이나 무료 주유권으로 교환하면 필요할 때 자유롭게 쇼핑할 수 있다. 실제로 자동차 주유는 자동차 유지비용에서 많은 부분을 차지한다. 그렇다고 주유비를 아끼자고 품질 낮은 싸구려 기름을 넣을 수도 없다. 카드 포인트를 조금만 연구하면 고유가 시대의 아픔을 고스란히 떠안는 불행을 피할 수 있다.

 ●●● 신용 카드 충동구매, 원천 봉쇄하라

신용 카드는 양날을 지닌 검과 같은 물건이다. 여러 가지로 지불의 편의성과 포인트 혜택을 주지만, 잘못 사용하면 필요 없는 지출을 부추기는 데 일등 공신이 될 수도 있다. 독하게 저축하기로 마음먹은 사람들이, 지갑 속에서 신용 카드를 모두 꺼내 가위로 잘라버리는 이유도 여기에 있다.

포인트를 십분 활용하는 것이 아무리 중요하다지만 배보다 배꼽이 커서는 곤란하다. 요즘은 카드사에서 이런저런 서비스를 제공한다고 광고하며 카드 발급을 부추기는 경우가 많다. 네일아트숍 사장인 이선향 씨(31세)도 그런 꼬임에 넘어가 카드를 만들었다가, 아무래도 적자가 너무 심해 최근 사용하던 카드를 해지했다.

신용 카드사가 너도나도 여성 고객 확보에 뛰어들면서 젊은 여성층을 노린 상품을 앞 다퉈 내놓았을 때 만든 카드다. 카드사 말대로 여성들을 위한 신용 카드임에는 틀림없다. 우선 신용 카드가 이렇게 예쁘게 생길 수 있나 싶을 만큼 공들여서 만든 것이 확연히 드러나는 이 카드는, 실제로 유명 디자이너의 작품이라고 했다. 20대 여성들이 좋아할 만한 패밀리 레스토랑과 의류 브랜드, 심지어 꽃가게와도 제휴를 맺고 5% 할인이나 포인트 추가 적립 서비스를 제공한다. 그러나 문제는 여기에 있었다.

"신용 카드를 이용하려다 보니 가맹점을 찾아다니게 되더군요. 처음에는 할인 혜택을 이용하자는 생각이 강했어요. 그런데 이건 할인 혜택이 아니라 오히려 필요 없는 소비를 자극한다는 생각이 들었어요. 친구들을 만날 때 조촐한 음식점에서 모일 수도 있는데 가맹점을 이용하려다 보니 예산보다 더 비싼 레스토랑을 이용하게 되더군요.

음식 값의 5%를 할인 받는다고 해도, 다른 음식점으로 가면 할인 없이도 훨씬 저렴한 가격에 식사할 수 있는데, 오히려 더 많은 돈을 쓰게 되는 거죠."

　신용 카드가 재테크에 도움이 되지 않는다는 사실을 안 선향 씨는 카드를 잘라버리고 국세청 홈페이지에서 현금영수증 카드를 신청했다. 당장 신용 카드가 없어 선불제 교통 카드를 사용해야 하는 것이 귀찮기는 했지만 견딜 만했다. 그러나 무엇보다 선향 씨가 아쉬웠던 것은 무이자 할부였다.

　"분명 할부를 하지 않는 것도 과소비를 줄이는 데 도움이 돼요. 그런데 무이자 할부를 이용하는 편이 나을 때도 있더군요. 반드시 필요한 물건인데 통장에서 목돈을 꺼내야 하거나, 필요한 돈을 다 모으려면 할인 기간이 지나가버리는 경우죠."

　그래서 이런저런 이유로 선향 씨가 만든 카드는 체크카드와 백화점 카드를 통합한 카드다. 충동구매를 줄일 수 있어 일반적인 신용 카드를 쓸 때보다 지출이 절반가량 감소했다. 신용 카드를 사용할 때 냈던 연회비 부담도 없어졌다. 동시에 백화점 카드 기능을 이용해 무이자 할부는 예전처럼 이용할 수 있다.

　신용 카드를 만들 때도 따져보아야 할 일이 많다. 어떤 물건이나 마찬가지겠지만 신용 카드도 광고만 보고 발급 받아서는 절대 안 된다. 포인트 적립 규모도 제각각 다르고, 쌓인 포인트를 활용하는 방법도 카드사에 따라 천차만별이다. 특히 포인트 사용법을 철저하게 따져서 자신에게 반드시 필요한 서비스를 받을 수 있는 카드가 어떤 것인지

가려내는 것이 중요하다. 재테크에서는 포인트도 돈 관리만큼이나 복잡하고 중요한 부분이다.

신용 카드사가 골치 아파하는 고객, 얄미워하는 고객이 어떤 소비자일까 한번 고민해보자.

돈 쓰는 재미보다
돈 모으는 재미를 누려라

유명 연예인 매니지먼트 회사의 정성숙 과장은 지금도 혹독한 재정난을 겪었던 과거를 떠올리며 가끔 몸서리를 친다. 말 그대로 파산이었다. 파산은 20대 중반에 마치 예정된 일처럼 밀어닥쳤고, 성숙 씨는 꽃다운 시절을 엄청난 빚과 씨름해야 하는 우울한 날들로 채워야 했다.

이른바 명문 대학을 졸업한 성숙 씨는 한 대형 매니지먼트 회사에서 일자리를 얻었다. 대학 시절 꿈꾸던 직업을 갖게 된 성숙 씨는 남다른 열정으로 일에 매진했다. 장밋빛 미래와 거칠 것 없는 탄탄대로가 펼쳐질 것만 같았다. 재무 관리에 생긴 빈틈이 걷잡을 수 없이 커지고 있다는 사실은 꿈에도 생각하지 못했다.

직장인이라면 누구나 그렇게 생활하는 줄로만 여겼다. 카드와 마이너스 통장을 동원해 월급으로는 부족한 '품위 유지'를 하는 줄로만 알았다.

직업상 외모에 신경 쓸 일이 많은 성숙 씨는 첫 월급을 받은 후 쌍꺼풀 수술을 시작으로 2년 동안 코와 턱선, 이마, 얼굴 박피까지 다섯 번의 성형 수술을 받았다. 이른바 잘나간다는 연예인처럼 틈틈이 머리 모양을 바꾸는 감각도 잊지 않았고, 값나가는 의상과 그에 걸맞는 가방, 구두, 액세서리를 갖추는 데 돈을 물 쓰듯 했다.

"돈 쓰는 재미에 푹 빠져 살았어요. 살찌는 걸 알면서도 케이크의 달콤한 맛을 뿌리치지 못하는 것처럼, 분명 버는 것보다 쓰는 게 더 많다는 사실을 알면서도 절제가 안 됐어요."

성숙 씨의 과소비에는 신용 카드가 크게 한몫했다. 신용 카드는 지갑에 현금이 없을 때도 성숙 씨의 소비 욕구를 채워주었고, 할부라는 편리한 제도는 고가의 물건을 구입하는 데 조금도 주저할 필요가 없게 해주었다.

그래도 처음에는 월말에 결제해야 하는 카드 할부 금액이 얼마인지, 한 달 월급에서 얼마를 카드 결제에 써야 하는지 계산이 됐다. 하지만 점점 금액이 불어나기 시작하면서 카드 납입금이 정확히 얼마인지 계산조차 할 수 없었다.

이미 커질 대로 커진 씀씀이는 스스로 통제할 수 없는 지경에 이르렀고, 빚이 쌓여가는 악순환이 되풀이되었다. '이러면 안 되지'라고 생각하면서도 짧게는 2개월부터, 길게는 10개월까지도 가능한 무이자 할부가 그녀의 소비를 부추겼다. 또 카드 대금 연체에 허덕이는 그녀에게 '리볼빙revolving'이라는 제도는 천사 같은 존재였다. 이용 대금의 일정 부분만 납부하면 나머지 대금은 자동 연장되는 터라 당장의 카드 연체에서 벗어날 수 있었다. 결제 최소 비율이 카드 대금의 5%밖에 되지 않아 운신의 폭이 말할 수 없이 컸다. 신용 카드의 무궁한 진화가 경이로울 따름이었다. 그렇다고 해서 내야 할 돈이 줄어들거나 없어지는 것도 아닌데, 그저 당장 갚지 않아도 된다는 사실이 지출을 자제하려는 마음을 약하게 만들었고, 그렇게 빚은 눈덩이처럼 불어났다.

 ●●● 신용 불량자에 실직의 고통까지

결국 카드 빚은 한 해 연봉을 훌쩍 넘는 금액으로 불어났고, 친절하기만 하던 카드사는 하루에도 몇 번씩 독촉 전화를 걸어 숨통을 조였다. 카드사의 독촉 전화는 업무 시간도 아랑곳하지 않았고, 가족에게까지 협박 아닌 협박을 일삼는 무례함을 서슴지 않았다. 더 이상 빚을 감당할 수 없었던 성숙 씨는 결국 신용 불량자라는 불명예스러운 꼬리표를 달았고, 회사 내에 재정적인 문제가 알려지는 데는 오랜 시간이 걸리지 않았다.

신용 불량자라는 신분에다가 카드사의 전화에 시달리면서 정상적인 직장 생활을 이어가기란 쉽지 않았다. 사무실에서 짐을 꾸려 나오던 날, 성숙 씨는 무덤이라도 파고 싶은 심정이었다. 더 이상 미래는 없는 것 같았고, 수렁에서 영원히 빠져나오지 못할 것만 같았다. 무엇보다 부모님과 가족에게 부끄럽고 미안한 마음을 주체할 수가 없었다. 나름대로 성실하게 일하며 쌓아온 사람들과의 신뢰가 무너져 내린 것도 견딜 수가 없었다.

극한의 상황에서 삶을 모두 포기하려 했을 때 손을 내밀어준 것은 가족이었다. 믿었던 딸에 대한 실망감에 눈조차 마주치려 하지 않던 아버지가 카드 빚을 갚으라며 내민 봉투를 성숙 씨는 죄인이 되어버린 심정으로 받아들었다.

몇 달 동안 모든 의욕을 상실한 채 자신을 방안에 가두었던 성숙 씨는 악몽 같은 지난날을 잊고 다시 시작하기로 마음먹었다. 가장 시급한 것은 재취업이었다. 쉽지 않을 것이라 생각했지만, 직장에서 일할 당시 친하게 지내던 업계 선배들에게 도움을 부탁했다. 자존심이 상하고 창피했지만 그런 감정조차 사치였다.

지푸라기를 잡는 심정으로 도움을 청한 성숙 씨는, 평소 성실함과 감각을 눈여겨보던 한 선배로부터 도움을 받을 수 있었다. 선배가 다니는 회사에 마침 직원이 필요하여, 선배가 회사 측에 성숙 씨를 추천한 것이다.

다시 태어났다는 생각으로 일을 시작한 성숙 씨는 하나부터 열까지 생활 습관을 뜯어고쳤다. 성형외과와 피부관리실에는 완전히 발길을 끊었고, 백화점도 기웃거리지 않았다. 아끼고 또 아껴 아버지에게 돈을 갚아야 한다는 생각뿐이었다.

"5년째 용돈 30만 원으로 한 달을 지내요. 그 동안 택시를 탄 기억이 거의 없을 정도예요. 외근이 없는 날이면 아침에 도시락을 싸서 출근해요. 남들보다 늦게 시작한 만큼 더 독하게 노력해야 하지 않겠어요. 신용 카드요? 이제 소름끼쳐요. TV에 나오는 광고도 보기 싫을 정도죠."

 ●●● 모으는 재미, 쓰는 재미보다 크다

저축을 할 수 있게 되었을 때 성숙 씨는 제일 먼저 새마을금고의 적금에 가입했다. 매달 80만 원을 납입하면 36개월 후 3,000만 원이 조금 넘는 돈을 찾을 수 있다. 투자 전에 안정적으로 돈을 모아야겠다는 생각에 은행을 전전하다가, 은행 적금보다 금리가 높은 제2금융권 상품 몇 가지를 비교한 끝에 결정했다.

좀더 여유가 생겼을 때 친구들의 권유로 매달 20만 원씩 적립식 펀드에 가입했는데, 수익률을 확인할 때마다 놀랍기만 했다. 돈 쓰는 재미보다 모으고 투자하는 재미가 훨씬 더 크다는 사실을 일찍 알았다면 얼마나 좋았을까 싶다.

"예전 같으면 어느 브랜드의 의류 신상품이 무엇인지, 최신 유행하는 머리 스타일은 무엇인지에 대한 정보를 찾느라 여념이 없었을 거예요. 하지만 지금은 어느 투자 상품이 수익률이 좋은지, 부동산 투자는 어떻게 해야 하는지 공부하느라 정신이 없어요."

요즘은 틈날 때마다 재테크 사이트를 검색하는 것이 일과다. 적립식 펀드에 가입하고부터 주식시장에도 관심이 생겼다. 코스피 지수가 무엇인지도 몰랐던 성숙 씨는 정부와 민간 경제연구소의 거시경제와 주식시장 전망을 챙길 정도로 달라졌다.

"사람이 죽으란 법은 없나 봐요. 인생이 끝났다고 생각했는데 새 출발을 했고, 지금은 적금에 펀드 통장까지 가지게 됐잖아요. 겉으로 드러나는 멋보다 내실이 얼마나 중요한지 뼈저리게 느껴요. 너무 비싼 수업료를 냈죠. 그만큼 더 성실하게 모으고 미래도 설계하려고 해요."

 ••• 목표를 갖고 돈 모으기에 집중하라

시중 은행의 연수팀에서 4년째 근무중인 김현성 씨에게 첫 '사회밥' 1년은 잘 묵힌 거름과도 같은 시간이었다. 지난 2000년에 대학을 졸업하고 얻은 첫 직장에서 1년 동안 알뜰살뜰 학비를 마련해 어학연수를 떠났고, 돌아온 후 몸값을 높여 지금의 재취업에 성공한 것.

현성 씨는 대학 때 어학연수 떠나는 친구들을 보면서 나가고 싶은 마음이 굴뚝같았지만 집안 형편이 여의치 않아 갈 수 없었다. 졸업을 하자마자 한 학습지 회사에 취직한 현성 씨는 1년 후에 반드시 캐나다로 어학연수를 가겠다고 마음먹고 독하게 돈을 모았다.

당시 목표를 1년으로 잡았기 때문에 장기저축 상품은 맞지 않았다.

한 달 월급은 200만 원이 채 안 되는 돈이었지만, 나름대로 안정성과 수익성을 고려해 포트폴리오를 짰다.

"일단 매달 50만 원씩 들어가는 1년 만기 은행 적금을 들고 52만 원 짜리 새마을금고 적금에 가입했어요. 근로자우대저축은 장기 상품이긴 하지만 들기로 결정했죠. 당장 어학연수를 가더라도 장기적으로 돈을 모아둘 통장도 필요하다고 생각했거든요. 또 당시 근로자우대저축은 10%에 육박하는 고정 금리에 비과세 혜택까지 있었어요. 한 달 최소 불입액이 1만 원이기 때문에 연수를 떠난 후에도 큰 부담 없이 통장을 유지할 수 있겠다 싶었죠."

이뿐이 아니었다. 현성 씨는 틈날 때마다 증권 회사에 취직한 선배들을 만나 주식 정보를 얻었다. 경제 신문에 소개되는 증권사 추천종목도 유심히 살폈다. 잘만 하면 단기간에 꽤나 짭짤한 수익을 올릴 수도 있고, 투자수익에 대해 세금도 낼 필요가 없으니 해볼 만하다는 생각이 들었다. 투자할 수 있는 자금도, 정해진 시간도 제한적이어서 한 종목만 골라 매달 조금씩 늘리기로 했다. 고민 끝에 주가 변동성이 낮고 완만하지만 꾸준히 오르는 주식으로 잘 알려진 유틸리티 종목 하나를 골랐다.

현성 씨는 월급을 받아 살 수 있는 만큼씩 주식을 사기 시작했다. 그러고는 그냥 묻어두었다. 신경 쓸수록 마음이 불편한 건 어쩔 수 없었기 때문이다. 괜히 수수료 낭비하고 싶지 않아 매매도 자주 하지 않았다. 결과는 아주 만족스러웠다. 현성 씨가 연수를 가기 직전까지 사 모은 주식을 매도했을 때는 1년 만기 은행 적금보다 두 배 이상 높은 수익률로 찾을 수 있었다.

돈을 모으는 과정에서 현성 씨는 돈 쓰는 데는 일절 관심을 끊었다. 취직 후 여기저기서 보험 가입을 권유했지만, 한가하게 보험료를 납입할 때가 아니라고 판단했다. 또 그 흔한 신용 카드도 한 장 만들지 않았다. 지출을 줄이는 데 신용 카드는 독이 될 수 있다는 생각 때문이었다.

경제적으로 독립했다는 뿌듯함에 젖어 흥청망청하는 일 없이 자기 계발에 우선 순위를 두는 '착한' 마음가짐이 인생에서 잊지 못할 값진 경험과 더 나은 직장이라는 선물을 안겨준 것이다.

"연수가 아니었으면 취업 첫해부터 재테크에 그렇게 큰 관심을 갖지 않았을 것 같아요. 남들처럼 머리하고 옷 사 입느라 손에 쥔 것 없이 1년을 보낼 수도 있었죠. 하지만 처음부터 목표를 세우고 저축하는 것에 관심을 가졌더니, 돈 모으는 일이 어렵거나 고통스러운 일이 아니라 자연스러운 것으로 받아들일 수 있었던 것 같아요. 뿐만 아니라 돈을 쓸 때도 단순히 소모적인 지출인지, 미래를 위한 투자인지 따지고 구별하는 습관이 몸에 밴 것 같아요."

밥 먹고 잠자듯 재테크 하라

재테크가 특별한 자질을 갖춘 사람들에게만 해당되는 일이라고 생각하는 '생초보'에게 온라인 의류 쇼핑몰을 운영하는 박소라 씨(32세)는 더할 나위 없는 멘토다. 연간 3억 원 이상의 매출을 올리는 어엿한 사장님인 소라 씨에게 재테크는 생활 그 자체다. 취미 생활로 '싸이질'을 하고 주말이면 재미있는 영화를 찾아 극장가를 기웃거리는 것처럼 자산 관리도 빼놓을 수 없는 일상이다.

"저에게 재테크는 그냥 자연스러운 생활일 뿐이에요. 배고플 때는 라면을 끓여 먹고, 사무실에서 일하다 졸릴 때 커피를 마시는 것처럼 말이죠. 특별히 시간을 내고, 따로 노력을 기울여야 할 수 있는 일이 아니라 아침에 일어나서 화장실에 가는 것처럼 당연히 해야만 하고,

또 재무적으로 건강한 생활을 위해 반드시 필요한 일이죠."

건강을 유지하려면 잘 챙겨 먹고 운동을 해야 하듯 건전한 자산 관리와 부의 증식을 위해서는 평소 양질의 정보를 수집하고 적극적으로 투자해야 한다는 것이 재테크에 관한 소라 씨의 생각이다.

대학 졸업 후 외국계 항공사에서 사회생활을 시작한 소라 씨는 4년 남짓 일하는 사이 금융 자산을 1억 원 이상 축적했다. 재테크에 관한 남다른 관심에다 과감한 결단력까지 지녔으니 비슷한 연봉의 친구들보다 불려놓은 자산이 많은 것은 당연지사.

소라 씨를 온라인 의류 쇼핑몰의 사장님으로 변신시킨 것도 남들보다 빨리 자산 증식에 눈을 뜨고, 지혜롭게 종자돈을 굴린 '황금손'이었다. 대학 때부터 사랑을 키워온 남자 친구와 최근 백년가약을 맺기로 한 소라 씨는 매사에 똑소리 나는 신부가 되겠다는 다짐이 대단하다.

 ●●● 아이쇼핑하듯 은행과 증권사를 다녀라

소라 씨의 '생활 속 재테크' 현장을 한번 따라나서 보자.

소라 씨는 점심 식사 후 자투리 시간이나 급한 업무를 끝낸 오후가 되면 사무실 근처의 은행과 증권사 영업점으로 향한다. 당장 가입할 상품이 없을 때도 금융 회사 영업점을 드나든다. 새로 나온 상품이 있으면 홍보 자료도 챙기고, 혹시 특판 예금을 판매하지는 않는지 문의

도 한다. 환율과 금리가 어떻게 움직이고 있는지도 영업점에 가면 알
수 있다.

백화점의 화장품 코너에서 테스트용 상품으로 화장을 고치고 의류
매장을 둘러보며 아이쇼핑을 하는 것처럼, 소라 씨에게 금융 회사의
영업점은 쇼핑 공간과 같다.

"대개 은행이나 증권사 영업점에는 필요한 용무가 있어야만 가잖
아요. 그렇게 발길을 하지 않으면 관심도 멀어지고, 정보에도 뒤처지
기 쉬워요."

물론 영업점을 어슬렁거리면 직원들이 눈치를 주긴 한다. 무슨 일
로 왔냐고 묻거나 어떤 도움이 필요한지 묻는데, 일 없으면 나가달라
는 소리로 들릴 때도 있다. 그렇다고 해서 주눅이 들거나 잔뜩 위축돼
쫓겨나듯 나올 소라 씨가 아니다.

"가진 것이 많든 적든 금융 회사 직원 앞에서 기가 죽을 필요가 전
혀 없어요. 항상 속으로 '난 당신들의 소중한 잠재 고객이야'라고 말
하죠. 잠재 고객에 대한 인식을 가진 영업점 직원들은 호기심이 생기
는 상품이나 평소 궁금한 점에 대해서 물어볼 때 아주 친절하게 설명
을 해줘요. 백화점에서도 예쁜 옷을 입어보고 그냥 나와도 점원이 깍
듯하게 인사하는 것처럼요."

이처럼 은행이나 증권사를 제집 드나들 듯하며 정보를 수집하는
소라 씨는 금융 상품에 관한 한 '얼리 어답터early adopter' 다. 적립식
펀드부터 친디아 펀드, 변액연금 보험까지 상품이 출시된 초창기에
과감하게 투자를 결정했다.

물론 신상품이라고 해서 무조건 가입하는 것은 아니다. 수익률이 검증되지도 않았고, 예상치 못한 피해가 발생할 수도 있는 만큼 따지고 또 따져보는 신중함이 필수다. 화장품을 살 때 브랜드만 보고 결정하는 것이 아니라, 주머니 사정도 생각하고 피부 타입도 고려하는 것처럼 재테크도 여러 상황을 고려한 후 결정해야 한다. 투자할 여유자금은 얼마나 가졌는지, 연령대별로 나눠볼 때 당장 가입해야 할 상품이 무엇인지 판단하여 적합한 상품이라는 확신이 생길 때 결정을 내려야 한다.

 ●●● 재테크 사이트를 북마크하라

퇴근 후나 주말이면 직장인이 집에서 소일거리로 하는 일 중 하나가 인터넷 서핑이다. 소라 씨도 마찬가지다. 운영하는 쇼핑몰 외에 개인 홈페이지도 관리하고, 친구들 블로그에 들어가 근황도 살피고 안부 인사도 남긴다. 포털사이트에 들어가 검색순위 상위권에 오른 연예인이나 뉴스가 무엇인지도 찾아보고, 다른 인터넷 쇼핑몰에 들어가 경쟁사들의 상품을 살피기도 한다. 남자 친구를 만나지 못한 날이면 메신저를 열어놓고 채팅을 즐기기도 한다.

이 밖에 소라 씨가 거의 매일같이 빠뜨리지 않고 챙기는 일이 있다. 바로 재테크 정보 사이트를 방문하는 일이다. 소라 씨의 컴퓨터에는 인터넷 '즐겨찾기' 항목에 '재테크' 폴더를 따로 만들어놓았다. 부동산 시세와 금리 정보를 알려주는 은행 홈페이지와 개인 자산 관리 컨설팅을 제공하는 온라인 사이트, 펀드 수익률과 신상품 정보를 포함한 뉴스를 제공하는 사이트까지 10여 개의 인터넷 사이트가 폴더를 채운다.

"'펀드닥터(www.funddoctor.co.kr)'를 포함해 펀드 관련 사이트에 들어가면 최근 수익률이 좋은 펀드가 어떤 것인지, 어떤 펀드가 새로 나왔는지 정리되어 있어요. 펀드가 셀 수 없을 정도로 많으니까 모든 상품을 다 알기는 불가능해요. 그래도 통계 자료를 자주 접하고, 상위권을 유지하는 펀드 정도는 알아두는 게 도움이 되죠."

재무설계 상담 사이트에서 다른 사람들의 사연을 접하는 것도 쏠쏠한 재미다. 비슷한 또래는 물론이고 결혼한 사람들의 고민을 읽다 보면 더 장기적인 계획을 어떻게 세워야 하며, 무엇을 준비해야 하는지에 대한 인식도 갖게 된다.

유용한 재테크 사이트

사이트명	사이트 주소	특 징
펀드닥터	www.funddoctor.co.kr	펀드 정보, 평가
제로인	www.zeroin.co.kr	펀드 평가, 자산운용 컨설팅
모닝스타	www.morningstar.co.kr	펀드 평가, 투자 컨설팅
10in10	cafe.daum.net/10in10	회원수 55만 명의 재테크 커뮤니티
짠돌이	cafe.daum.net/mmnix	재테크, 절약 커뮤니티
부동산뱅크	www.neonet.co.kr	부동산 종합정보 제공
스피드뱅크	www.speedbank.co.kr	부동산 종합정보 제공

부동산 정보는 당장 내집 마련 계획이 없지만 시장 흐름을 놓치지 않는 데 도움을 준다. 사실 결혼을 앞두고 있어 최근 아파트 전세와 매매 가격에 관심이 부쩍 높아졌다. 우연히 위치나 주변 경관, 교통이 괜찮은 아파트를 발견하면 사이트에 들어가 가격을 확인하는 일을 잊지 않는다.

 ••• ## 재테크 정보를 유행가 가사처럼 외워라

소라 씨가 수시로 뭔가를 메모하는 다이어리를 열어보았다. 평소 꼼꼼하게 정리하고 작은 것들까지 메모해두는 습관이 밴 여성이면 대개 그러하듯 각종 정보들이 빼곡하게 적혀 있다. 사소한 저녁 약속부터 친구 생일, 남자 친구와 같이 가고 싶은 맛집, 음식별 칼로리까지 소라 씨의 정리된 다이어리는 백과사전 수준이다.

다이어리의 폴더 하나를 차지한 '금융 정보'에 눈길이 갔다. 국내외 주가지수는 물론, 신문이나 영업점에서 보았던 펀드 중에 관심이 가는 상품과 보유중인 주식의 최고 또는 최저 수익률, 증권사별 수수료 현황과 저축은행의 예금 금리, 읽고 싶은 재테크 서적 목록에 중요한 지출 내역까지 꼼꼼하게 정리되어 있다.

"메모광이라고 하긴 뭐하지만 다른 사람들에 비해 메모를 잘 하는 편이에요. 다이어리에 뭔가 끄적거리는 것을 좋아해요. 그러다 보니 재테크 관련 정보도 기록을 하게 되더군요. 머릿속에 필요한 정보를 완벽하게 입력할 수는 없잖아요. 기록을 하다 보면 생각도 잘 정리되고, 구체적인 계획도 갖게 되어 좋아요."

재테크 서적을 읽는 것도 빼놓을 수 없다. 평소 무라카미 하루키와 파울로 코엘료의 책을 좋아한다는 소라 씨는 문학 서적을 읽는 만큼 투자와 투자가에 대한 책도 두루 읽는 편이다.

로버트 기요사키가 쓴 《부자 아빠 가난한 아빠》는 물론, 그의 아내 킴 기요사키가 쓴 《리치 우먼》도 재미있게 읽었다. 기요사키가 도널드 트럼프와 공저한 《부자》도 출간되기가 무섭게 주문할 만큼 소라 씨는 기요사키의 팬이다.

"기요사키가 그렇게 말하잖아요. 부자와 중산층의 차이는 자산과 부채를 구별할 수 있는지 없는지로 나뉜다고요. 기요사키의 책을 읽고 난 뒤로 지갑을 열 때마다 구입하는 물건이 자산인지 부채인지 따져보는 습관이 생겼어요. 그리고 기요사키의 조언처럼 자산을 늘리고 거기서 소득이 나오게 하려면 어떻게 해야 하는지 틈날 때마다 고민해요."

이 밖에도 금융업계의 전문가나 기자들이 쓴 것들까지 소라 씨가 재테크 서적을 구입하는 데 들인 돈만 수백만 원에 이른다.

소라 씨가 이처럼 책을 읽는 데 공을 들이는 이유는 현명한 투자에 대한 인식을 기를 수 있을 뿐 아니라, 책에 따라서는 당장 행동으로 옮길 수 있을 만큼 실질적인 정보도 얻을 수 있기 때문이다.

실제로 소라 씨가 증권사 CMA에 가입한 것도 재테크 관련 책을 읽고 상품을 알게 된 후였다. 평소 배경 지식을 쌓아두어야 좋은 상품이

나왔을 때 금세 알아볼 수 있는 안목을 가질 수 있다고 소라 씨는 힘주어 말한다.

재테크를 생활 속에서 습관처럼 몸에 배게 하면 노력한 결과가 고스란히 실력으로 쌓인다. 자연스럽게 더 많은 정보를 얻게 되고, 금융 상품에 대한 이해도 높아진다.

〈개그콘서트〉를 열심히 시청하면 친구들의 수다 속 최신 유행어를 어려움 없이 알아들을 수 있는 것처럼 환헤지나 선취, 후취 수수료가 무엇을 의미하는지, 거울 펀드가 무엇인지 투자 상식을 넓힐 수 있다.

예비 신랑이 막강한 재테크 실력을 갖춘 소라 씨를 든든해 하는 것은 당연한 일이다. 여성의 경제 활동이 높아진 만큼, 가계 자산 관리를 남성에게만 맡기겠다는 생각은 시대에 뒤처진 발상이다.

재테크는 해도 그만, 안 해도 그만이라는 생각을 벗어던지자. 특별한 유전자를 가진 사람만 부자가 될 수 있다는 촌스러운 사고도 날려 버리자. 재테크는 어렵고 복잡한 일이라고 밀어내버릴 것이 아니라, 좀더 가까워지고 편안해지려고 노력해보자. 자산 설계와 관리는 누구에게나 필요하고, 애정을 쏟을 때 만족스러운 결실을 얻을 수 있다.

똑똑한 여자는 명품 가방보다
자신의 미래에 투자한다

금융 트렌드를 알려면
정보 분석이 제1순위

아는 것이 힘이다. 재테크도 예외가 아니다. 정보의 홍수라는 말도 재테크와 무관하지 않다. 대부분의 재무 컨설턴트는 '어떤 상품이 좋아요?' 라고 묻는 고객들에게 할 말이 없다고 한다. 은행 예·적금부터 주식, 펀드, 채권, 각종 파생 상품까지 투자 수단이 어디 한두 가지인가.

돈을 모으는 일이나 모은 돈을 굴리는 일이나 재테크의 목적을 분명하게 하고, 자신의 투자 성향을 제대로 파악하는 일이 첫걸음이라는 것도 이 때문이다. 재테크에 관한 서적과 신문 기사를 가까이하며 정보를 찾는 일도 게을리 해서는 안 된다.

광고 기획사의 팀장인 차미경 씨(32세)는 자타가 공인하는 완벽주의 자다. 일처리에서 꼼꼼한 것은 물론, 자신의 생활을 관리하는 데서도 좀처럼 빈틈을 보이지 않는다. 미경 씨의 치밀함은 재테크에서도 빛을 발한다. 일에 매진하다 보면 개인적인 취미 생활이나 수입 관리에 소홀하기 마련이지만, 미경 씨는 재테크에도 빈틈이 없다.

 ● ● ● 치밀한 정보 분석으로 트렌드를 앞서라

학창 시절부터 독서를 즐기던 미경 씨는 최근 몇 년 동안 읽은 책이 대부분 재테크나 자기계발에 관한 것이라고 한다. 신문 경제면을 챙기는 것도 빠뜨리지 않는다. 정보는 곧 돈이라는 신념에서다. 다만 신문 기사나 정보를 보는 관점은 사뭇 다르다.

　"경제 기사를 두루 보는데 재테크 관련 기사보다는 일반적인 거시 경제를 다룬 기사가 더 유용할 때가 많아요. 재테크나 금융 상품을 다룬 기획 기사를 보면 대부분 어떤 상품이 뜨고 있고, 판매 금액이 얼마나 증가했는지에 대한 내용이 대부분인데 이런 기사가 나올 때는 이미 가입 시기가 늦어버리는 경우가 많아요. 어느 종목의 주가가 상당 폭으로 올랐다는 사실을 알게 될 때쯤이면 이미 꼭지를 치고 빠지기 시작하거나 9부 능선까지 간 경우가 많은 것처럼, 금융 상품도 신문이나 잡지에서 다룰 무렵이면 다른 사람들이 벌써 단물을 다 빼먹었을 가능성이 높다는 얘기죠."

　경영학을 전공한 미경 씨는 학창 시절부터 경제 신문을 가까이했다. 스크랩을 하고 꼼꼼하게 숙독하는 정도는 아니었지만 거의 하루도 빠뜨리지 않고 경제 신문을 읽었더니 경제 흐름이나 기사를 보는 눈높이도 상당히 높아졌다.

 ••• 금융 상품에도 트렌드가 있다

미경 씨가 관심 있게 살피는 기사는 상품을 소개하는 단신보다 거시 경제에 관한 내용이다. 가령 벤 버냉키 미국 연방준비제도이사회FRB 의장이 통화정책을 어떤 방향으로 운용하는지, 중국과 인도를 포함한 이머징 국가의 성장이 세계 원자재 가격을 얼마나 끌어올리고 있는지, 달러화가 주요 통화에 대해 어떤 움직임을 보이는지 하는 것들이다.

실제로 저금리와 달러화 약세로 국제 금 선물 가격이 큰 폭으로 상승했고, 이른바 친디아Chindia(China와 India의 줄임말) 또는 브릭스BRICs/Brazil Russia India China로 일컬어지는 이머징 국가의 급성장으로 철강과 구리, 아연 등 세계 원자재 가격이 급등했다. 벤 버냉키 FRB 의장의 긴축 기조는 유럽과 아시아 주요 국가의 정책 금리를 동반 상승시키는 결과를 가져왔다.

"유행을 따라다니고 또 창출하는 일을 해서 그런지 금융 상품에도 일종의 트렌드가 보이는 것 같아요. 2005년 주식형 펀드 광풍이나 2006년 해외 펀드의 인기몰이도 유행의 일종이라는 생각이 들어요.

그 유행이라는 게 알고 보면 경제 흐름과 무관하지 않거든요. 은행이든 증권사든 새로운 상품을 만들 때는 잠재적인 수익이 높은 곳을 공략하게 마련이잖아요. 기대수익이 높은 곳을 먼저 찾아내고 경쟁사보다 빨리 상품을 만들어내는 금융 기관이 결국 더 많은 고객을 확보하고 이익도 많이 올리게 된다고 믿어요. 업종은 다르지만 성공으로 가는 공식은 광고 회사의 일과 크게 다르지 않다고 봐요."

그래서인지 미경 씨의 포트폴리오는 보통의 30대 여성과는 커다란 차이가 있다. 4,000만 원에 가까운 적지 않은 연봉을 국내외 주식과 연계된 상품을 중심으로 굴리고 있다. 매달 10만 원씩 붓는 주택청약 부금을 제외하고 은행 예·적금에는 일절 가입하지 않았다. 이 밖에 매달 20만 원씩 들어가는 연금 보험은 노후 대비와 연말 소득공제, 유사시 보험 혜택까지 1석 3조를 노리고 가입했다. 무엇보다 주택청약 부금만으로는 연말 소득공제 혜택을 충분히 기대할 수 없어 궁리 끝에 가입한 것이다.

 ●●● 외신은 금맥 발굴의 보고

가장 눈길을 끄는 것은 금에도 상당 금액을 투자했다는 사실이다.

"2004년부터였던 것 같아요. 저금리와 달러화 약세 때문에 금값이 상승했는데, 앞으로도 몇 년 동안 상승 추세가 유지될 것이라는 기사가 연이어 나왔어요. 물론 외신에서요. 전망치가 점점 높아지더니 온스당 1,000달러까지 오를 것이라는 얘기까지 나온 것으로 기억해요. 반신반의하던 차에 중국으로 출장을 갔는데 금을 사야겠다는 생각이 번쩍 들었어요. 상하이에 갔는데 고속 성장이라는 얘기가 피부로 와 닿더군요. 그런데 여기저기서 금이 보였어요. 각종 장신구는 물론이고 건물 장식에서도 금을 어렵지 않게 볼 수 있었고, 마사지도 금가루를 뿌리며 하더군요."

불현듯 한 시중 은행이 2003년부터 판매하기 시작한 금 투자 상품이 떠올랐다. 골드리슈라는 상품은 정기예금처럼 통장에 금을 적립하는 상품이다. 금 실물 거래 없이 적금 형태로 투자할 수 있도록 설계된 상품인데 1온스당 달러 기준으로 거래되는 금 시세를 통장에는 g(그램) 단위로 표시한다. 시세는 원/달러 환율을 감안해 적용된다. 만기 때는 현금이나 실물 중 한 가지를 선택해서 찾을 수 있는데 현금이 유리하다. 금을 실물로 인수할 경우, 적지 않은 수수료와 부과세를 부담해야 하기 때문이다. 2005년 6월 초, 이 상품에 가입한 미경 씨는 2006년 10월까지 30%에 가까운 고수익을 올렸다.

"금에 투자하는 펀드도 몇 가지 살펴봤는데 마음에 들지 않았어요. 이름만 봐서는 그저 금에 투자하는 펀드인 것처럼 보이는데, 판매 직원한테 물어봤더니 금에 직접 투자하는 것이 아니라 금광을 개발하는 해외 기업에 투자하는 것이더군요. 그러면 금값이 오르는 만큼 펀드 수익률이 높지 못할 수도 있다고 판단했는데, 결국 그 때 판단이 맞아 떨어졌어요."

좁은 시야로 국내 시장에만 연연하지 않고 글로벌 시장의 정보를 접할 수 있는 외신을 꾸준히 살핀 것이 새로운 기회를 가져다준 것이다.

 ● ● ● 　유행과 정보를 구별하라

주식연계증권ELS의 조기 매진과 조기 상환 열풍이 불던 2005년, 그 열풍 속에 방송작가 이정림 씨도 한 자리를 차지하고 있었다.

정림 씨는 평소 주식 투자에 큰 관심을 갖고 있었지만 어떻게 시작해야 할지, 어느 종목을 사야 할지 결정하기가 쉽지 않았다. 주식시장에 입성하리라 결심하고 수 개월 동안 관심 종목을 관찰했지만 주가라는 것이 때로는 펀더멘털fundamental(기초경제여건)과 다른 방향으로 움직이기도 하고, 증권사 추천 종목이라고 해서 수익이 다 좋은 것도 아니었다. 이래서야 확신을 가지고 베팅하기란 불가능에 가까웠다.

"주식형 펀드에 가입했는데 언론에 보도되는 것만큼 수익률이 나오지 않더군요. 이럴 바엔 직접 투자를 하는 것이 낫겠다 싶어서 주식시장을 기웃거려보기도 했는데 매번 뭘 사야 할지 고민만 하다가 마음을 접고 말았어요. 시간만 낭비하는 것 같아 관두자고 생각하던 차에 ELS 수익률이 꽤나 괜찮다는 것을 알게 되었어요. 물론 ELS도 상품 선택을 잘 해야 하지만요."

절반의 성공이었다. 보통 대형 블루칩의 주가에 연동하는 ELS는 2005년만 해도 목표수익률을 만기 이전에 달성해 조기 상환하는 상품이 적지 않았다. 하지만 2006년 들어서는 대형주 주가가 부진해 기초자산 종목에 따라 손실을 보는 상품이 속출했다.

정림 씨가 2005년 가입했던 ELS도 조기 상환됐다. 국내 한 증권사에서 발행한 ELS였는데, 가입기간 중 삼성전자 주가가 다소 큰 폭으로 오르는 등 기초자산의 주가가 견조해 7.5%의 수익률로 조기 상환한 것. 단맛을 본 미경 씨는 2006년에도 틈을 보다 한 ELS에 가입했는데 예상 밖의 결과를 얻고 말았다. 삼성SDI와 SK텔레콤을 기초자산으로 한 ELS에 가입했는데 만기 이전 마이너스 31%라는 형편없는 성적을 거둔 것이었다.

"그래서 돈을 모으고 굴리는 일이 어려운 것 같아요. 투자해서 성공한 경우도 있고 실패한 일도 있었지만 단편적인 결과에 연연해하면 투자를 못할 것 같아요. 지금 같은 저금리에 저축만 해서는 집 장만에 노후까지 대비하는 건 사실상 불가능하잖아요. 어차피 투자를 해야 하는데 실패를 두려워하면 곤란하죠. 물론 손실을 보면 마음이 좀 쓰리긴 하지만요."

아직 결혼 계획이 없다는 정림 씨는 부동산은 관심 밖이란다. 언젠가 내집 장만을 해야겠지만 지금은 종자돈 마련이 더 급하다는 생각에서다.

"은행이나 증권사 지점 직원부터 개인 재무 설계사까지 손을 뻗치면 의지할 수 있는 전문가들이 많지만 스스로 공부하는 것이 가장 확실한 것 같아요. 솔직히 펀드를 판매하는 증권사 직원도 모든 상품이나 시장 환경에 대해 완전히 알고 있다고 볼 수 없잖아요. 원론을 다룬 책이나 증권업계 유관 기관에서 나오는 자료들이 딱딱하지만 상품을 제대로 알기에는 가장 좋아요. 일해서 월급을 받는 것은 가장 기본적인 것이고 평생 나 자신을 책임질 재테크는 중요한 만큼 공을 들여야죠."

투자도 결국 정보 싸움이다. 넓은 의미의 금융 자산 가운데 유망한 투자처를 찾는 것은 물론이고 각 상품의 미세한 특성까지 아는 만큼 힘이 된다. 열심히 공부했다고 해서 모든 투자가 고수익을 내기는 힘들다. 하지만 실패에서 배우는 것도 스스로 정보를 얻고 판단할 때 가능하다.

배고픈 재테크는 가라

배고픈 다이어트는 싫다, 배고픈 재테크는 더 싫다!

세상은 넓고 할 일은 많고 볼 것도 지천에 깔렸다. 눈과 귀와 입의 욕구를 채워줄 수 있는 문물이 끊임없이 생겨나고, 또 맛을 보기도 전에 사라지기도 한다. 세상은 빠르게 변하면서 끊임없이 호기심을 자극하고, 그 흐름에 맞춰 함께 변화할 것을 요구한다. 보릿고개 넘는 것처럼 맹목적으로 허리띠를 졸라매고 '문화실조'에 걸릴 수는 없다. 먹지도, 듣지도, 보지도 않고 적금 통장 하나에만 목을 매고 산다는 것은 속된 말로 너무나 '꿀꿀하다'.

S전자 연구소 선임연구원인 배준영 씨는 며칠간의 야근으로 온몸

이 녹초가 되었다. 이번 주말에는 자신에게 휴식을 주기 위해 잠시 보라카이에 다녀올 예정이다.

언뜻 보기에도 여행광인 듯 보이는 준영 씨의 원룸에는 가까운 동남아에서부터 호주, 유럽까지 세상 곳곳의 문화가 녹아 있다. 33m²(10평) 남짓 되는 방안 가득 여러 나라에서 공수해온 인형이며 머그잔이며 미술 작품들이 빼곡하다.

"대학 때 2년 동안 과외 아르바이트로 돈을 모아 뉴질랜드로 배낭여행을 갔어요. 영화 《반지의 제왕》에서 보았던 절경들이 눈앞에 펼쳐지는데 세상에 태어나서 그런 행복감을 맛본 것은 처음이었어요. 대학에 합격했을 때보다 더 감격스러웠죠. 그리고 결심했어요. 힘이 닿는 데까지 세계 곳곳을 여행하겠다고 말이죠."

 ••• 재산 목록 1호는 여행에서 얻은 경험

침대 위쪽으로 걸린 그림은 피카소의 대작 《게르니카》다. 스페인을 여행했을 때 마드리드의 소피아 왕비 예술 센터에 소장된 《게르니카》를 보고 그만 혼을 뺏기고 말았다. 마침 기념품 가게에서 8유로에 파는 그림을 발견하고는 두 번 망설이지도 않고 집어 들었다. 그 맞은편 벽에는 중국의 실크로드를 여행했을 때 공수한 벽걸이 수건이 마주하고 있다.

책장 한 자리에는 프라하에서 구입한 마리오네트 인형이 눈길을 끈다. 이탈리아를 여행했을 때 구입한 유리공예품은 현란한 빛깔이 황홀경에 빠져들게 한다. 텔레비전 위의 나막신 한 켤레는 유럽 여행 때 암스테르담 공항을 경유했을 때 5유로에 샀다. 은은한 색깔의 타일 조각으로 만들어진 장신구 보관함은 건축의 시인이라 불리는 안토니오 가우디의 작품을 형상화한 것이다. 주방에는 여행지에서 사 모은 머그잔이 줄을 지어 서 있다. 그냥 평범해 보일 수도 있지만 그 머그잔들이 생겨난 곳을 직접 체험한 사람에게는 특별한 느낌으로 공감대를 형성한다.

여행 서적도 적지 않다. 단순한 여행 안내서뿐 아니라 사진작가와 여러 유명인이 쓴 수필집도 다수 보인다. 책들 옆으로 디지털 카메라로 찍어온 사진이 CD에 담겨 있다.

"해마다 여름휴가 때 해외로 여행을 가요. 여행 경비는 지역이나 당시 환율에 따라 다른데 가급적 낮추려고 노력하죠. 가령 휴가기간을 6월말이나 9월로 조정해서 성수기를 피하고 항공권도 할인하는 표를 구해요. 숙소도 저렴한 곳을 예약해두면 알뜰한 여행을 즐길 수 있어요."

경비를 아껴도 휴가철에 유럽을 다녀오려면 최소한 200만 원이 깨지지만 전혀 아깝지 않다.

"여행을 하는 만큼 스스로 더 발전하고 성장한다는 느낌을 받아요. 더 깊고 더 큰 사람이 되어가는 느낌이 너무 기분 좋아요. 여행을 할 때 매번 느끼는 건데 세상에 가장 고귀한 것은 사람이 이루어놓은 유적인 것 같아요. 영감도 받고 인간의 잠재력이 얼마나 무궁한지도 생각하게 돼요. 스스로 나태함에 빠지지 않도록 자극을 많이 받죠."

영어는 여행하는 데 어려움인 동시에 무사히 여행을 마치기 위해 안간힘을 쓰는 과정에 체득하게 되는 소득이기도 하다. 앨빈 토플러는 자신의 저서 《부의 미래》에서 그렇게 말했다. 사람들은 돈을 곧 부라고 생각하지만 잘못된 생각이라고. 돈은 부의 여러 가지 형태 가운데 한 가지일 뿐이라고. 준영 씨의 생각도 비슷하다. 누군가 재산 목록 1호를 꼽으라고 한다면 지금까지 경험한 여행이라고 말한다. 여기에는 여행에서 얻은 영감과 추억, 사진, 기념품이 모두 포함된다.

"결혼한 친구들이 다들 부러워하면서 싱글이기 때문에 가능하다고들 해요. 시간이 자유롭기도 하고, 결혼을 하게 되면 여행 경비의 기회비용을 따지게 되어 마음은 있어도 나서지 못한다더군요. 가령 200만 원이면 냉장고를 바꿀 수 있는데 하는 생각에 주저앉게 된대요."

한편으로 공감이 되지만 안타까운 마음이 더 크다. 재테크가 중요하지만 돈을 모으는 궁극적인 이유는 자신이 원하는 삶을 살기 위해서인데, 재테크에 열을 올리는 사람들을 보면 자기 자신을 목적이 아니라 수단으로 여긴다는 인상을 받는다. 주객이 완전히 뒤바뀐 것. 돈이 삶의 목적이 될 수는 없다고 생각하는 준영 씨는, 돈이란 삶에서 가치를 두는 것들을 이루기 위한 수단일 뿐이라고 분명히 선을 그어두었다. 때로는 미래를 위해 절제가 필요하다는 데 동의하지 못하는 것은 아니지만, 자신이 가치를 두는 한두 가지쯤에 돈을 쓰는 것은 단순한 지출이 아니라 투자에 가깝다고 준영 씨는 주장한다.

"결혼을 한 후에도 여행을 중단하고 싶지 않아요. 물론 재테크도 중요하지만 그보다 더 중요한 가치가 있잖아요. 돈이 삶의 목적이 될 수는 없다고 생각해요. 돈은 삶에서 가치를 두는 것들을 이루기 위한 수단이죠. 그리고 여행은 삶에서 커다란 가치를 갖는 부분 중 한 가지예요."

 ● ● ● 나를 표현하는 물건에는 아끼지 않는다

한 시중 은행에서 근무하는 민수영 씨는 다른 건 몰라도 지갑만큼은 명품을 고집한다. 그렇다고 사람들이 흔히 생각하는 명품족은 아니다. 재테크의 최대 적이 자동차라는 생각에 적지 않은 연봉에도 대중교통을 고집할 만큼 알뜰하다. 종종 백화점에서 쇼핑을 즐기지만 물건을 사는 곳은 늘 할인 행사장이나 매대다. 한 끼 식사비에 해당하는 스타벅스의 커피 대신, 사무실에 마련된 커피믹스를 즐겨 이용한다.

　"사람마다 자신을 표현하는 물건이 하나쯤은 있다고 생각해요. 평소 옷차림이 될 수도 있고 헤어스타일이나 보석이 될 수도 있겠죠. 나에게는 그런 물건이 지갑이에요. 다른 물건에 대해서는 그렇지 않은데 유독 지갑에는 일종의 집착이 생겨요. 나 자신을 나타내는 물건이라는 생각이 들거든요. 지갑은 단순히 자신을 표현하는 데 그치지 않고 품위를 더해주는 물건이기도 해요. 음식점이나 백화점에서 계산할 때 아무렇게나 생긴 지갑을 꺼내 들면 왠지 빈티가 나는 것 같아 싫어요."

사람들이 동의하든 그렇지 않든 취업한 후 갖게 된 생각이다. 일하는 곳이 은행이라는 사실과 일정 부분 연관이 있을지도 모른다는 생각을 할 때도 있다. 수영 씨의 루이까또즈 지갑은 7개월 전에 마련했다. 이전에 쓰던 MCM 브랜드의 지갑은 여동생에게 넘겼다.

"허영이라는 생각은 안 해요. 누구나 아끼지 않고 투자하고 싶은 곳이 하나씩은 있다고 생각해요. 평소 씀씀이가 큰 것도 아닌데 지갑을 살 때는 수십만 원도 아깝지 않아요. 주위에서 사람들이 사치라고 나무라도 어쩔 수 없어요. 이 정도 사치는 해도 될 것 같아요. 사람들이 손가락질하는 명품족도 아니고 매사에 남들만큼 아끼고 저축도 하니까요."

D그룹의 한 계열사에서 근무하는 허나영 씨는 종종 불쾌한 오해에 시달린다. 초면에는 대단한 집안의 딸이거나 고소득 전문직에 종사하는 여성으로 대접을 받다가 시간이 좀 지나면 허영심으로 가득 찬 꼴불견이라고 빈축을 사기까지 한다. 세상 사람들의 여론이나 평가에는 재미있는 구석이 있다. 사실을 제대로 알려고 하지도 않고, 본인에게 직접 말 한 마디 건네지도 않은 채 겉으로 비치는 것만으로 마음대로 평가하고 결론을 내려버린다.

나영 씨가 남모르는 속앓이를 하는 것은 생명 다음으로 소중한 '애마' 때문이다. 그녀의 애마가 상당한 고가의 외제차라는 사실이 문제의 불씨다.

"대학 때부터 폭스바겐의 '비틀'을 갖고 싶었어요. 그 차가 외제차이기 때문이 절대 아니에요. 국내 자동차 회사에서 그런 깜찍한 차를 내놓았으면 그걸 샀을 거예요."

나영 씨는 기필코 딱정벌레 모양의 드림카를 손에 넣겠다고 다짐하고, 대학 3학년 때부터 과외 아르바이트를 하면서 약 2년 동안 800만 원을 모았다. 취업을 하고 나서도 먹을 것, 입을 것 아끼면서 차 값을 마련하는 데 온 힘을 다했다. 명절 보너스, 연말 성과급이 나와도 기분 한 번 내지 않고 알뜰살뜰 모은 돈이다. 그래도 모자라 대출을 조금 받긴 했지만 주제넘게 외제차 굴린다는 말은 억울하기만 하다.

"원하는 것을 얻으려고 눈물겨울 정도로 최선을 다했는데 사람들 눈에 그런 것들은 보이지 않나 봐요."

사치하고 싶은 마음은 추호도 없었다. 자동차 하나로 사람들 앞에서 과시하려는 것도 아니었다.

"그냥 갖고 싶은 물건을 장만했을 뿐이에요. 예쁜 옷이나 디지털 카메라를 사는 것처럼 말이에요. 다른 물건에 비해 고가이긴 하지만 그래서 오랜 시간을 열심히 노력한 것 아니겠어요. 언젠가 자동차를 산다면 꼭 이 모델을 사야겠다고 생각했어요. 학교에서나 직장에서나 자기 할 일 열심히 하면서 살았고, 또 앞으로도 최선을 다할 텐데 자신을 위해서 이 정도 호사는 지나치지 않다고 생각해요."

'된장녀'라는 말이 사회의 뜨거운 감자가 된 일이 있다. 밥값보다 더 비싼 커피를 마시는 여성들을 비난하는 표현이다. 여기에 여성들은 하룻밤에 수십만 원의 술값을 날리는 남성들을 비난하고 나섰다. 더 윤택한 삶과 나은 미래를 위해 매진하는 이들이지만, 자신을 표현하고 만족감을 얻는 데 값으로 따지기 힘든 가치가 있다고 말한다.

 다양한 강좌를 활용하라

최근 아나운서 아카데미 저녁 강좌에 등록한 신재은 씨는 공인회계사다. 아나운서로 변신하려는 계획이라도 있는 걸까? 공인회계사가 아나운서 아카데미에 다닌다고 하면 사람들은 의아하다는 표정을 짓는다.

"앉아서 계산하고 서류 작성하는 것에는 능숙하지만 조리 있게 말을 하는 데는 너무 뒤떨어져요. 말을 조리 있게 잘 하지 못하는 데다 목소리까지 가늘고 아기 같아 사람들에게 어눌해 보이지나 않을까 항상 신경이 쓰였어요. 생각 끝에 콤플렉스를 극복해보자고 결심하고, 아나운서 준비반을 수강했죠. 이참에 아나운서처럼 자신감 있게 말하는 연습도 하고, 또 이런저런 공부도 할 겸해서요."

누군가에게 지적을 받지 않는다 해도 자신의 약점이라고 생각하는 부분은 크게 도드라져 보이기 마련이다. 아나운서 아카데미 수강료가 적지 않은 비용이지만 재은 씨는 자신의 부족한 부분을 채워 나가기 위해 쓰는 돈이 전혀 아깝지 않다. 더 나은 모습과 자신감이라는 더 큰 결과를 얻을 수 있기 때문이다.

실제로 필자가 만난 골드미스들은 자기계발을 위해 많은 투자를 하고 있었다. 건강을 위한 운동은 기본이고, 춤과 노래까지 취미로 즐기는 것을 넘어서 전문가 못지않은 열정을 쏟아 붓는 모습도 적지 않게 볼 수 있었다.

최근 벨리 댄스를 배우는 재미에 푹 빠져 지낸다는 최주연 씨는 사진작가로 활동하고 있다. 외모도 실력도 완벽하다는 평을 듣는 그녀지만 평소 '몸치'인 것이 불만이었다. 벨리 댄스를 배우게 된 것도 이 때문. 지금은 학원 종강 기념공연에서 주인공을 맡을 정도로 남부럽지 않은 댄스 실력을 갖췄다.

자기 관리도 결국 큰 틀에서의 인생 계획 중 중요한 일부분이다. 돈을 모으고 벌고 쓰는 것도 결국은 자기 인생을 위한 것인데, 재테크를 하자고 자기계발에 인색하게 구는 것은 중요한 가치 하나를 잃고 사는 것과 같다. 자기 자신에 대한 투자만큼 중요한 투자는 없다는 사실을 잊지 말자.

결혼도 재테크다

대기업 인사팀에서 일하는 최도희 씨(34세). 결혼할 마음은 있지만 20대 중후반을 일만 하면서 보내느라 이성 교제에 관심을 둘 여유가 없었다. 업무 성과를 내고 회사에서 인정받는 데만 모든 신경을 집중했다. 평소 여러 가지 일을 동시에 하기보다 한 가지 일에 몰두하는 성격인 탓에 남자와 키스 한 번 해본 적 없는, 말 그대로 '순진녀'다. 이상형도 막연하다. 그저 '필'이 통하는 남자만 나타나면 조건에 상관없이 언제든 결혼할 생각인데 그게 언제가 될지는 기약할 수 없다. 하지만 어딘가에 분명 인연이 있을 것이라 굳게 믿는다.

반면, 대학 캠퍼스에 머물러 있기에는 다소 부담스러운 나이인 스물여섯 살 박정주 씨는 대학 입학 후 지금까지 솔로로 지낸 일이 없다. 남자 친구와 평균 교제기간은 3개월. 항상 누군가와 사귀거나 시작 단계, 아니면 헤어지는 시간의 반복이었다. 정주 씨는 대학 시절을 함께 보낸 남자 친구를 손으로 꼽을 수 없을 만큼 '연애박사'이다. 어학연수와 대학원 시절까지 교정에서 보낸 지난 6년은 공부보다 연애를 위한 시간이었다고 해도 과언이 아니다.

물론 결혼도 할 생각이다. 몇 달 후면 전도유망한 혈액내과 의사의 아내가 된다. 그리고 대학원 석사 논문을 낼 생각이다. 대학원생 신분으로 의사 아내가 되려고 졸업도 미룬 채 신랑감을 찾는 데 혼신을 다했다. 그녀의 이상적인 남편감은 첫째도, 둘째도 경제력이다.

결혼을 바라보는 두 여자의 관점은 뚜렷한 차이를 드러낸다. 도희 씨에게 결혼의 전제조건은 사랑이다. 이에 반해 정주 씨는 결혼이 경제적으로나 사회적으로 자신의 삶을 한 단계 업그레이드할 수 있는 계기가 되어야 한다고 생각한다. 도희 씨는 결혼을 전제하지 않는 연애는 불필요한 감정과 시간, 돈의 낭비라고 선을 긋는 반면, 정주 씨는 연애와 결혼을 비즈니스 관점에서 접근한다. 물론 사랑과 상대방에게서 느끼는 매력도 중요하지만, 이 같은 끌리는 감정은 능력과 조건이 뒷받침될 때 싹튼다는 것이 정주 씨의 주장이다.

● ● ● 20대는 재테크에 가장 중요한 시기,
연애는 독

20대를 워커홀릭으로 보낸 도희 씨도 '필'이 통하는 사람이 나타났다
면 연애도 하고 결혼도 했을 것이다. 아직까지 '인연'은 나타나지 않
았지만, 인위적으로 인연을 만들 생각은 추호도 없었다. 몇 차례 소개
팅을 해봤지만 낯선 사람과의 만남에서는 어색함만 남을 뿐이었다.
그렇게 보내는 시간이 피곤하기도 했지만 무엇보다 감정과 돈 낭비라
는 생각에 다신 그런 만남을 갖지 않기로 다짐했다.

"30대에 접어들면서 1년 남짓 열심히 소개팅을 했어요. 부모님의
성화도 있었고, 스스로 불안하기도 했죠. 어쩌면 나에게 하늘이 정해
준 인연이 없는 것이 아닌가 하는 생각이 문득 들 때가 있는데 그럴
때면 어찌나 서글펐는지……. 그런데 결국 소개팅 후에 남는 것은 감
정적인 허탈함과 적지 않은 신용 카드 대금뿐이었어요. 낯선 남자와
마주 앉아 불과 몇 시간 만에 이 사람을 사랑할 수 있을지 없을지를
판단하는 일이 생각해보면 말이 안 되잖아요. 그리고 상대방이 나를
이리저리 재고 있다는 것이 한눈에 보이는데 그게 얼마나 기분 나쁜
일인지 몰라요."

대기업 입사의 기쁨도 잠시, 1년이 지나면서 미래에 대한 고민도
많아졌다. 위를 올려다볼수록 여성의 수는 줄어들었고 자신도 10년
후를 기약할 수 없다는 불안감에 마음이 편치 않았다. 대기업에서 여
성이 살아남아 성공하는 것은 결코 쉬운 일이 아니다. 주위에서는 좋

은 직장에 다닐 때 조건 맞춰 결혼하라고 권유했다. 하지만 도희 씨는 자신이 갖고 있는 문제를 남자나 결혼을 통해 돌파할 생각은 털끝만큼도 갖고 있지 않다. 누군가에게 짐이 된다는 것 자체가 싫고, 그것이 사랑하는 사람이라면 더더욱 싫다. 인생을 쉽고 편하게 살자고, 무임승차하자고 애정 없는 결혼을 한다는 것은 생각만 해도 끔찍한 일이다.

 ••• 인연은 하늘이 정해주는 것

사실 도희 씨도 얼마 전에 결혼정보회사의 홈페이지를 열어본 일이 있다. 어머니의 성화 때문이었다. 한때 능력만 있으면 솔로로 사는 것도 괜찮다고 말한 어머니의 말은 진심이 아니었다. 서른을 넘기자 결혼에 대한 압력이 조금씩 높아지는가 싶더니 노골적으로 조여오기 시작했다. 명절날 친척들이 방문해 결혼 얘기를 꺼낼 때면 근심하는 기색이 역력했다. 지금까지 크게 불효한 일 없이 착한 딸로 살았는데 결혼 문제 때문에 부모님의 근심거리가 되어버리는 것 같아 억울한 생각도 들었다. 결국 자의 반 타의 반으로 어느 결혼정보회사의 홈페이지를 열어보았지만 '이건 아니다' 라는 결론을 내린 채 인터넷 창을 닫아버리고 말았다.

"신청자들이 자신의 신상을 공개하는 것은 물론이고 사진까지 올려놓고 결혼할 사람을 찾는데, 할 짓이 아니란 생각밖에 없었어요. 자기 자신을 매물로 내놓은 사람들 모습이 서글퍼 보이기도 했고, 그런 사이트에 들어가 있는 나 자신이 참 한심하다는 생각이 들더군요."

도희 씨는 결혼 상대방에게 원하는 조건이 전혀 없을까? 그녀에게는 순수한 사랑이 전부일까? 반드시 그렇지는 않다. 다만 현재보다는 미래의 가능성을 먼저 본다. 사회적으로 선망 받는 직업보다는 자신이 정말 좋아하는 일을 직업으로 가진 사람, 그 일에서 구체적인 꿈을 가진 사람, 그 꿈을 이뤄낼 패기와 책임감을 가진 사람이어야 도희 씨의 '조건'을 채워줄 수 있다.

당장은 보잘것없어 보여도 대기만성인 사람도 있지 않느냐고 반문하는 그녀는, 당장의 경제력도 중요하지만 사랑하지도 않는데 돈을 잘 번다고 해서 무조건 결혼할 생각은 없다. 가진 재산을 잘못된 투자로 한순간에 날릴 수도 있고, 잘나가는 의사지만 의료사고로 문제를 만들 수도 있다. 살면서 생각지 못한 어려움이 닥쳐 남편이 경제력을 잃으면 결혼의 첫째 조건이 무너지는 셈인데, 단지 조건만 보고 한 결혼이라면 파경으로 치달을 수도 있지 않은가.

 ●●● 가장 확실한 인생 역전은 혼테크

이에 반해 경제적으로나 정서적으로 자신의 삶을 윤택하게 만드는 수단으로 '이성 교제'를 택한 정주 씨. 조건을 중요시하는 것은 결혼에 대한 개인적인 관점일 뿐이라고 말한다. 사랑도 물질적인 풍요로움이 있을 때 성립된다고 믿는 정주 씨는 경제적으로 기대는 만큼 아내로서의 역할에 충실하면 되는 것 아니냐고 반문한다.

"꼭 결혼이 아니더라도 남자 친구가 있으면 일단 든든해서 좋아요. 여자친구들은 필요할 때 항상 곁에 있어주지 않거든요. 특히 그 친구들에게 애인이라도 생기면 관계가 격조해지게 마련이죠. 하지만 남자 친구는 필요할 때 언제나 옆에 있어주죠. 함께 시험공부도 하고, 영어 학원도 같이 다니고, 학교 축제나 방학 때 같이 놀기도 하죠. 취업 준비나 대학원 진학 준비도 서로 도우니까 힘든 일도 극복할 수 있어요. 물론 헤어질 때 아픔도 있지만, 새로운 사람과 다시 시작할 때의 설렘으로 지난 상처는 충분히 극복할 수 있어요."

정주 씨는 많은 사람과 교제하면서 사람에 대한 이해의 폭도 깊어졌다고 말한다. 이성 교제를 할 때 여자는 남자보다 물질적인 부담도 덜한 편이고, 정신적으로 많은 도움을 받을 수 있기 때문에 연애가 시간과 감정을 낭비하거나 비용을 치르는 일이라고 생각해본 적은 한 번도 없다.

이러한 연애 경험들은 정주 씨를 자연스럽게 현실적으로 만들어 주었다. 경제력이 결혼에서 상당한 의미를 갖는다는 것을 일찍 깨달은 정주 씨는, 결혼은 더 안정적인 생활을 위한 수단이며, 따라서 남자의 경제력은 결혼 조건의 0순위라고 힘주어 말한다.

"원하는 조건을 갖춘 사람을 찾으려면 막연하게 기다리거나 주위 사람들 소개로는 힘들어요. 물론 가장 중요한 조건은 직업과 경제력이죠. 누구나 고소득 전문직의 남성을 결혼 상대자로 선호하지 않나요? 결혼정보업체를 이용하는 것이 제일 빠르고 정확해요. 결혼은 물론이고 연애를 하더라도 조건 좋은 남자라면 밑질 것 없잖아요."

이런 이유로 정주 씨는 대학교 졸업반 때 바로 결혼정보업체에 가입했다. 사회생활을 하면서 고생하기 전에 좋은 남자를 만나 결혼할 생각이었기 때문이다. 또 아직까지 우리나라 남자들은 자신보다 어린 여자를 선호하기 때문에 한 살이라도 어릴 때 신랑감을 찾는 것이 좀 더 좋은 남자를 만날 수 있을 것이라고 판단했다. 주위에서도 그다지 놀라운 반응을 보이지 않았다. 평소 정주 씨가 사회적인 성공보다는 행복한 가정을 꿈꾼다는 사실을 잘 아는 친구들은 결혼정보업체 회원 가입이 예정된 수순이라고 받아들였다.

정주 씨는 결혼정보업체 회원 가입 후 나름대로 자기 자신에게 투자하기 시작했다. 다만 정주 씨의 투자는 도희 씨와 같이 직장에서 훌륭한 인재가 되기 위한 자기계발이 아니라 1등 신붓감이 되기 위한 조건을 갖추는 데 초점이 맞춰졌다. 이왕이면 다홍치마로 보이고 싶어 쌍꺼풀도 만들고 티 없이 맑은 피부를 가꾸는 데 지성을 쏟았다. 1년 365일 다이어트로 군살이 붙을 틈을 주지 않은 것은 물론이고, 요리학원을 다니며 현모양처가 될 준비를 철저히 했다. 훌륭한 조건을 갖춘 남성들이 바라는 만큼 혼수를 준비할 정도로 집안 형편이 넉넉하지 못하다는 사실에 마음이 무거웠지만, 스스로를 가꾸는 것으로 상쇄할 수 있으리라 생각했다.

지나치게 조건을 따지는 결혼 관념에 대해 비판적인 시각 앞에서 정주 씨는 조금도 위축되지 않는다. 자본주의 사회에 살면서 결혼을 비즈니스 관점에서 접근한다는 게 왜 나쁘냐며 오히려 훈수를 둔다. 과도한 혼수 비용 역시 남은 인생을 편안하게 보내려면 마땅히 치러야 하고, 또 그만 한 가치가 있는 투자라고 강조한다.

 ••• 사랑도 만들어갈 수 있다

결혼정보회사를 통한 만남을 삐딱하게 바라보는 시선에 대해 정주 씨는 이해할 수 없다는 표정이다. 소개팅은 괜찮으면서 결혼정보회사는 안 된다는 생각은 모순이라는 것. 또 정도의 차이는 있겠지만 조건을 전혀 보지 않는 사람이 세상에 몇 명이나 되겠냐며 반문한다. 사랑이 중요하다고 말하는 사람들도 사랑 더하기 조건이지 조건 없는 사랑은 절대 아니라는 것. 정주 씨는 결혼할 생각이 있고 원하는 이상형이 있다면 매니저를 통해서 최대한 그 이상형에 가까운 사람을 만나는 것이 후회 없는 결혼을 위한 현실적인 방법이라고 말한다.

덧붙여 사랑이라는 감정도 물론 중요하지만 너무나 주관적인 감정에 평생을 맡길 수는 없다며 목소리를 높인다. 이성간의 감정이라는 것이 대개는 오랜 시간 겪으면서 생기기보다는, 단기간에 서로를 제대로 알기 전에 생기기 때문에 합리적이지 못할 가능성이 오히려 높다는 주장이다.

"사랑하는 감정이 3년밖에 지속되지 않는다는 사실은 과학적으로도 입증된 사실이잖아요. 그런 불확실한 감정에 미래와 남은 인생을 맡기고 싶지는 않아요. 실제로 수십 년 결혼 생활을 해온 어른들도 부부는 정으로 사는 것이라고 말하잖아요. 사랑보다 중요한 건 정이고, 뜨겁게 끓어오르는 사랑이 없어도 결혼은 성립될 수 있어요. 비난 받을 말이라는 걸 알지만 솔직하게 말할게요. 결혼은 인생에서 가장 중요한 재테크 수단 중 하나이기도 해요."

투자 성향이 사람마다 제각각이듯 이처럼 결혼과 재테크에 대한 생각도 엇갈린다. 어떤 이들은 감정만 낭비하는 연애에 처음부터 발을 담그지 않으려 하는 반면, 어떤 이들은 '혼테크'를 최대의 재테크로 여긴다. 이에 대해서 이분법으로 옳고 그름을 따질 문제는 아니다. 평가는 누구보다 자신이 정확하게 내릴 수 있다. 자신이 마지막 순간까지 행복할 때 올바른 선택이었다고 말할 수 있기 때문이다.

결혼식은 실속과 낭만을 동시에 챙긴다

평소 허영심이라고는 약에 쓸 만큼도 없는 여성도 중심을 잃는 순간이 있다. '평생에 딱 한 번'이라는 이유로 아끼는 것이 미덕이라는 평소 지론을 잠시 접어두고 싶은 날. 다름 아닌 결혼식이다.

특급 호텔에서 격식과 품위를 갖추고 이른바 '성대한' 결혼식을 올리려면 1억 원을 훌쩍 넘는 비용이 들지만 허례허식이라는 생각보다 못 가진 것에 대한 아쉬움이 더 크게 느껴진다. 결혼식 당일의 이벤트뿐 아니라 각종 예물과 예단에 호화판 신혼여행까지 욕심을 내자면 끝이 없다.

일생에 단 한 번인 결혼식만큼은 공주가 되고 싶은 욕심과 겉치레를 부추기는 주변 사람들의 입김이 상승작용을 하는 사이에 눈먼 돈이 썰물처럼 빠져나간다.

4년 전 따뜻한 봄날, 방송작가인 한송이 씨의 결혼식에는 한바탕 기자들의 취재 경쟁이 벌어졌다. 방송 기자들은 결혼식 광경을 촬영하는 것은 물론이고 신부, 신랑과 하객들에게까지 마이크를 들이대며 인터뷰를 하느라 분주했다. 유명 연예인도, 재벌가 2세도 아닌 송이 씨의 결혼식이 언론의 스포트라이트를 받은 것은 다소 별난 장소에서 치러졌기 때문이다.

송이 씨가 백년가약을 맺은 곳은 유명 호텔도, 결혼식장도 아닌 지하철 6호선 녹사평역이었다.

 ●●● 지하철역 결혼식, 특급 호텔 못지않아

평생에 단 한 번, 일생에서 가장 뜻 깊은 날 세상에서 가장 아름다운 신부가 되고 싶은 마음에 힘닿는 만큼 지갑을 열어젖히기 마련이지만 송이 씨에게는 보여주기 위한 격식이 불필요한 낭비로 여겨졌다. 물론 기억에 남는 결혼식을 하고 싶은 마음은 여느 사람들과 다를 바 없었다. 하지만 큰돈을 들여서 화려하게 꾸미는 것으로 추억을 남기고 싶지는 않았다.

"인터넷으로 결혼식 장소를 찾던 중 녹사평역에 예식을 위한 공간이 있다는 사실을 알게 되었어요. 무료로 장소를 사용할 수 있을 뿐 아니라, 약 1,320m²(400평)의 예식 공간에 폐백실도 마련되어 있어서 하객을 모시는 데 손색이 없겠다는 생각이 들었죠. 무엇보다 결혼식을 하루에 한 건만 올리게 되어 있어 시간에 쫓겨 허둥지둥할 필요가 없어 더욱 좋았어요."

결혼식 드레스는 학교 선배가 선물한 생활한복으로 대신했다. 신랑도 턱시도가 아니라 생활한복으로 신부와 분위기를 맞췄다.

결혼식 전 통과의례처럼 치르는 야외촬영도 생략했다. 드레스를 입고 사진작가가 시키는 대로 포즈를 취해 찍은 사진을 커다란 액자에 넣어 벽에 걸어 놓는 것은 송이 씨 취향이 아니었다. 다른 사람들처럼 정해진 공식을 그대로 따라하는 결혼식은 처음부터 할 생각이 없었다.

이렇게 치른 송이 씨의 결혼식 비용은 출장 요리업소에서 마련한 음식값이 전부였다. 허례허식과 거품이라고는 눈을 씻고 찾아봐도 보이지 않는 실속형 혼례였다. 예물도 값비싼 보석 없이 그냥 금반지를 나누는 것으로 끝냈다. 장롱 속에 넣어두고 친구들이나 친척들에게 보여줄 때만 꺼내는 예물은 필요 없다는 생각에서다. 그렇게 허례허식을 없애고 아낀 결혼자금으로 살림살이를 장만했더니 오히려 신혼살림이 더욱 풍성해졌다.

폼에 산다? NO! 실속에 살아라!

주위에선 아끼더라도 평생 남는 건데 야외 웨딩 촬영은 하지 그랬냐고 말하기도 한다. 물론 송이 씨의 집에는 웨딩드레스와 턱시도 차림의 남녀가 키스를 나누는, 신혼집의 상징과도 같은 대형 웨딩 사진이 없다. 하지만 서해안 일대에서 남편과 여행하며 남긴 사진들이 송이 씨 네 아파트의 거실과 침실 공간을 가득 채우며 행복한 신혼을 증명해주고 있다. 통상적인 야외 웨딩 촬영 대신 주말을 이용해 둘만의 짧은 여행을 가졌던 것.

해남 땅끝마을부터 서해를 따라 서울로 향하면서 태안반도와 제부도까지 마음껏 바다 풍경을 즐기고 싱싱한 해물 요리를 먹으면서 잊지 못할 추억을 쌓았다는 송이 씨. 근처 야외촬영장에서 사진 촬영기사가 원하는 포즈를 만들고, 시간에 쫓기면서 고생하듯 찍은 사진들보다는 훨씬 맘에 든다고 자랑하기에 여념이 없다.

살다 보면 감정에 충실해야 할 때가 있지만 그래서 많은 비용을 쏟아야 하는가 하는 문제는 별개다. 실속과 낭만을 동시에 챙기는 지혜가 있을 때 진정으로 '폼 나는' 여성이 될 수 있다.

목표를 갖고 10년 후의
미래에 투자한다

"새해 가장 큰 목표는 무엇인가요? 올해가 저물기 전에 반드시 이루고 싶은 일이 있나요? 퇴근하고 뭘 할 생각인가요? 앞으로 어떻게 살고 싶어요? 어떤 사람이 되려고 하나요? 자신의 커리어를 어떤 방향으로 발전시킬 생각인가요?"

이 같은 질문 공세를 받았을 때 막힘없이 답할 준비가 되어 있는가? 혹시 생각지도 않은 질문이라 당혹스러워하지는 않는가? 만약 그러하다면 당신은 하루하루 숨 쉴 틈 없이 바쁘게 움직이지만 정작 중요한 것을 놓치고 있지 않은지 한 번쯤 돌아봐야 한다.

많은 사람들이 너무 바쁘게 지내면서 정작 무엇을 위해 바쁜 것인지도 모를 때가 있다. 험한 산길을 발밑만 바라보고 걷다가는 길을 잃기 십상인 것처럼, 정상까지 길이 멀고 험할수록 목표 지점을 확인하고 되새겨야 한다. 한 번 길을 잃으면 정상 궤도로 진입하기까지 더 큰 고통이 따르기 때문이다.

 • • • ## 10년 앞을 내다보고 계획을 짠다

여행사 대리로 일하고 있는 송은하 씨(31세)는 얼마 전 10년 지기 친구 이재경 씨의 다이어리를 보고 적잖게 놀랐다. 매일 끼고 다니는 두꺼운 다이어리에 무엇이 적혀 있는지 궁금하던 차에 친구를 졸라 열어 보았더니 연말까지의 계획은 물론, 장차 마흔 살까지의 목표가 빼곡하게 정리되어 있는 것이 아닌가. 단순히 추상적인 꿈을 열거한 것이 아니었다. 단기, 중기, 장기 목표가 직업, 결혼, 재테크 등의 구체적인 카테고리로 나뉘어 정리되어 있었다. 이뿐만이 아니었다. 목표를 달성하기 위해 매일 할 일과 매달 할 일, 그리고 연간 단위의 긴 호흡으로 진행할 일이 일목요연하게 작성되어 있었다.

"평소 꼼꼼하고 매사에 치밀하다는 것을 잘 알고 있었지만 이건 정말 충격이었어요. 다이어리는 마치 한 폭의 세밀화를 보는 듯했죠. 10년 이후까지 내다보며 자신의 인생을 어쩜 그렇게 구체적으로 설계할 수가 있는지 입이 딱 벌어지더군요. 늘 열심히 사는 친구라고 생각은 했지만, 이렇게까지 자신의 삶을 사랑하는 사람인 줄은 10년 동안 만나면서 처음 알았어요."

세계적 디자이너를 향한 그랜드플랜

포인트 건강, 인내, 성실, 배려 그리고 성공

1월 계획

- 매장 10곳 이상 조사하기
- 봄 신상품으로 낼 디자인 완성하기
- 하루 1시간씩 걷고 4kg 감량하기
- 휴대 전화 요금 5만 원 이하로 줄이기
- CNN 영어교재 공부하기

2007년 계획

- 운전면허 따고 경차 구입하기
- 책 80권 이상 읽기
- 유럽으로 여행 겸 시장조사 떠나기
- 월수입의 5%로 주식 투자에 입문하기(5% 손절매, 목표수익률 10%에서 차익 실현 원칙)
- 2주에 한 번씩 등산하기
- 멋진 남자 친구 만드는 것 필수!

2012년까지

- 경력과 실력을 쌓아 외국계 회사로 이직하기(한 단계 도약을 위한 필수 코스)
- 야간 대학원에 진학해 석사 학위 따기(인맥 넓히기)
- 결혼하고 첫아기 갖기(둘째는 2~3년 터울)
- 금융 자산 1억 원 달성
- 내집 마련도 이때쯤으로 가능하면 99m²(30평)대 아파트

2017년까지

- 이직한 회사에서 책임자급으로 승진하기
- 업무상 의사소통에 막힘이 없는 수준의 영어실력 갖추기
- 나만의 디자인 1,000점 완성해 인터넷 의상실 꾸미기(홀로서기를 위해)
- 아파트 132㎡(40평)대로 늘리기
- 부모님 환갑잔치와 해외여행

그리고 마흔 살까지

- 청담동에 의상실 개업하기(온-오프라인 겸업)
- 개업 첫해 순이익 5억 원 달성
- 이후 연매출 10% 성장, 60세 은퇴
- 디자인 관련 서적 출간하기
- 두 아이를 고아와 자매결연 시키기

목표 달성을 위한 과제

- **단기** 1주일에 한 권씩 책 읽기, 경제 기사 매일 정독, 날마다 영어 공부하기, 하루 1시간씩 빠뜨리지 않고 운동하기, 매달 급여의 50% 이상 저축하기
- **중기** 인간관계 넓히기, 결혼 자금 별도 마련, 연금저축 포함 노후 대책 마련, 독창적인 디자인 감각 키우기
- **장기** 지속적인 자기계발, 창업 아이디어 수집, 부모님께 효도하기, 현명한 아내와 엄마 되기

대학에서 의류학을 전공하고 캐주얼 의류업체에서 4년째 디자이너로 일하고 있는 재경 씨의 인생 계획을 살짝 들여다보자.

한눈에 보기에도 매우 치밀해 보이는 재경 씨의 인생 설계는 하루아침에 갑자기 마련한 것이 아니다.

재경 씨는 대학에 진학해 첫해를 보내고 이유 없이 공허감에 휩싸였다. 고등학교 때까지는 대학 입시가 지상 최대의 과제였다. 그런데 그 목표를 채우고 나니, 뭔가 모를 공허감에 불안감마저 들기 시작했다. 돌이켜 생각해보면 구체적인 목표가 사라진 것에 대한 심리적 불안감이었던 것 같다. 실제로 재경 씨는 대학 1년을 무엇을 하며 보냈는지 모를 정도로 성과도 없고, 보람도 없이 보냈다. 그후 시간을 좀 더 알차게 보내고, 늘 무엇을 해야 할지 모르겠는 공허감에서 벗어나기 위해 시작한 일이 중장기 계획 세우기였다.

"1학년 겨울 방학 때 도서관에 앉아 별 생각 없이 졸업 후 진로와 목표 달성을 위해 할 일을 쭉 열거해보았는데 남은 3년이 결코 길지 않더군요. 그 때부터 계획을 세우고 점검하는 습관을 갖게 되었어요."

 ● ● ● 목표를 세워라

20대 초반부터 10년 후의 미래를 계획하며 뚜렷한 목표가 있는 삶을 사는 사람은 그리 흔치 않다. 특히 대학 시절을 지나 어렵게 취업을 하게 되면 마치 대단원의 인생 목표를 이룬 것처럼 이미 갖추어놓았

던 계획들마저 무너뜨리기까지 한다.

바늘구멍이라는 취업 관문을 통과하고 중소기업 인사팀에서 일하게 된 이민영 씨도 처음에는 그랬다. 입사 첫해, 그렇게 바라던 취업에 성공했으니 세상에 아쉬울 것이 없다고 생각했다. 그러나 새로운 목표를 세우지 못한 대가는 예상보다 컸다. 민영 씨는 취업을 한 후부터 한동안 목표를 향해 한 발씩 전진하는 것이 아니라 방향을 잃고 무언가에 끌려 다니는 삶을 살아야 했다.

첫 월급을 받기도 전에 급여 이체 통장과 함께 발급된 신용 카드는 너무나 많은 편의를 제공했다. 옷이며 핸드백이며 구두에 메이크업까지 학생 티를 벗어던지기 위해 필요한 물건이 어디 한두 가지인가. 월급이 들어오면 신용 카드 회사로 뭉칫돈이 빠져나갔고, 통장에 남는 돈도 문화생활 즐기랴, 백수 친구들과 소주 한잔씩 나누랴 바빴다. 당시에는 '돈이 없어서 못 쓴다'는 말이 딱 어울렸다. 이러한 생활 태도 탓에 취업하고 1년이 지나도록 수중에 남은 돈이라고는 180만 원 남짓. 한 해 동안 모은 돈이 꼭 한 달 월급만큼이었다. 쓰기에 바빠서 은행과 가까이 지내지 않았으니 금융 상품에 대해서는 일자무식, 시쳇말로 '금맹'이었다. 취직도 했고 이제 돈을 버니까 1년 정도는 멋도 내고, 학생 때 돈 없어서 못 해봤던 일도 다 해보고 싶어 대책 없이 무리를 한 것이 이런 결과를 낳았다.

민영 씨의 대책 없는 생활이 달라지기 시작한 것은 유학을 결심하면서부터다.

"대기업에 취업한 친구들과 비교했더니 내 연봉이 형편없었어요.

중소기업이라도 일단 합격하고 보자는 식으로 취업한 것이 너무 후회
스러웠죠. 거기다 부조리한 회사 문화도 싫었고, 무엇보다 사내에
'멘토'로 삼을 만한 선배가 한 명도 없다는 사실에 일에 대한 욕심도
말끔하게 사라지고 말았어요. 뻔한 내 10년 후 모습이 보이는 듯했거
든요. 여기서는 정말 미래가 없다는 생각에 유학을 결심했고, 그때부
터 주경야독에 돌입했죠. 평소 씀씀이도 달라질 수밖에 없더군요."

　민영 씨의 방만한 생활 태도가 달라진 계기가 유학이라는 새로운
목표 설정 덕분이라는 사실은 너무나 자명하다.

 ● ● ● ## 목표가 확실한 재테크가 성공한다

민영 씨는 미국 아이비리그 중 한 대학의 경영학석사MBA 시험에 통과
했고, 지금은 최종 합격을 위한 에세이 준비에 여념이 없다. 민영 씨
가 약 4년 동안 유학 자금으로 마련한 것은 7,000만 원. 예상하는 유
학 비용은 학비와 기본적인 생활비를 포함해 총 1억 5,000만 원이다.
부족한 부분은 학자금 대출로 채울 생각이다. 부모님의 도움을 받을
수도 있지만 할 수 있는 데까지 혼자 힘으로 꾸려나가기로 했다.

　유학 자금을 마련하기 위해 민영 씨는 그 동안 과소비에 익숙해진
생활 습관부터 뜯어고쳤다. 뚜렷한 목표가 생기고 나니까 1년 동안
길들여진 씀씀이를 고치는 일이 고통스럽지만은 않았다. 그만큼 유학
과 더 나은 곳으로의 이직이 절실하기도 했다. 이전에는 쓰고 남는 돈

을 자유적립식 상품에 예치했다. 하지만 이제 저축하고 남은 돈을 소비하는 형태로 전면 개편했다. 실제로 재테크에서 '선先 저축, 후後 소비'는 고금의 진리다. 연봉과 상관없이 모든 이에게 통한다.

3, 4년을 내다보고 시작한 목돈 마련이라 단기상품보다 만기가 2, 3년인 상품이 적합했다. 유학 자금으로 쓸 돈이라 고수익만큼이나 안정성도 중요했다. 투자 리스크가 큰 주식과 금리가 낮은 시중 은행 상품을 일단 제외하고 새마을금고와 농협, 저축은행에서 판매하는 상품 정보를 모았다. 세금과 저축기간, 금리를 따져 당시 8%대 금리를 제공했던 농협 근로자우대저축과 새마을금고의 세금우대 상품에 가입했다. 해마다 20만 원 남짓 늘어나는 월급과 여름 휴가비, 연말 보너스는 CMA와 적립식 펀드에 꼬박꼬박 넣어두었다.

"CMA는 대표적인 단기 실적배당형 상품이에요. 현금이나 마찬가지인 은행 보통예금에 비해 금리가 높고, 급할 때 자유롭게 인출할 수 있어 편리하죠. 다만 증권사에 따라 원금을 보장하는 경우와 그렇지 않은 경우가 있어 확인할 필요가 있어요. 가령 동양종금증권의 CMA는 예금자보호법에 의해 5,000만 원까지 원금이 보장되지만, 여타 증권사 CMA의 경우 이율이 다소 높은 반면, 원금 보장이 되지는 않아요."

민영 씨는 CMA 잔액이 1,000만 원을 넘어갔을 때 한 시중 은행의 주가지수 연계 상품에 가입했다. 기본 이율은 2%밖에 안 되지만 가입 당시와 비교해 만기 때의 주가지수가 특정 수준 이상의 상승률이나 하락률을 기록하면 7%의 수익을 제공하는 것이어서 안정적인 동시에 기대수익률이 높은 것이 특징이다. 은행 영업점을 통해 판매될 뿐이며 증권사의 주가지수연계증권ELS과 수익 구조가 같다.

저축을 많이 하다 보니 자연스럽게 지출액은 줄었다. 가장 크게 달라진 것은 외식을 줄이는 일이었다. 그 동안 사회인이라고 밖에서 비싼 음식을 사 먹는 일이 많았던 민영 씨지만, 유학을 목표로 세우고 난 이후에는 학원 수업이 있는 날을 제외하고는 바깥에서 저녁을 먹는 일이 없었다. 학원비와 저축할 금액을 빼고 나면 한 달에 쓸 수 있는 용돈이 20만 원 정도였으니까 안 쓰는 수밖에 달리 방법이 없기도 했다. 점심도 되도록 구내식당에서 해결했고, 친구들과 연락할 일이 있으면 휴대 전화 대신 회사 전화와 메신저를 이용했다.

회사 내에서 민영 씨네 집이 강남의 132m²(40평)대 아파트라는 사실이 알려지고 한동안 '있는 놈이 더 한다'는 말에 시달렸지만 그 정도에 나약해질 민영 씨가 아니었다.

"사실 해외 유학이라는 게 쉬운 일이 아니잖아요. 혼자 힘으로 감당하려고 하면 말할 것도 없죠. 회사 일로 고단한 몸으로 밤늦은 시간까지 공부하고, 악착같이 학비까지 모르려면 정말이지 어지간한 자기 절제로는 불가능해요. 그래도 지금은 곧 미국 명문대 MBA에 진학할 수 있는 길이 열렸고 주위 사람들이 용감하다며 칭찬도 해주니까 얼마나 뿌듯한지 몰라요."

• • • 결혼 초기에 목표를 세워라

때로는 재테크의 목적이 결혼 자금 마련이 될 수도 있고, 결혼 후에는 맞벌이 탈출을 위한 것일 수도 있다. 어쩌면 결혼 자금 마련을 위한 재테크보다 결혼 후 안정적인 생활을 이끌어가기 위한 재무 설계가 더 중요하다.

쌍춘년, 결혼에 골인한 것까지는 좋았는데 최근 들어 머릿속이 더 복잡해졌다는 헬스 매니저 홍주아 씨. 이제 막 결혼한 주아 씨는 딱 5년만 맞벌이를 한 후 아이를 갖고 직장을 그만둘 생각이다.

그런데 생각대로 재테크가 쉽지 않다. 한 달에 500만 원이 조금 넘는 부부의 총수입으로 해야 할 일이 너무 많은 것이 문제다. 결혼식을 치르고 두어 달을 정신없이 보낸 어느 날, 가계 대차대조표라는 것을 작성해보았다. 회계에 관한 전문 지식이 없는 터라 일목요연하고 정교하게 갖춰진 대차대조표는 아니지만, 한눈에 봐도 빠듯하기 짝이 없는 가계였다. 결혼하면서 주택 자금으로 3억 원을 대출한 터라 원리금 분할상환 방식으로 대출금을 갚아야 하는데 매월 들어가는 금액이 300만 원에 가깝다. 두 사람 보험료도 만만치 않고 시댁에 매달 생활비도 보내야 한다. 각종 공과금에 카드 결제까지 막아내자니 신혼에 오붓한 외식 한 번 하기 힘들다. 오히려 주아 씨가 결혼 전에 부었던 적금마저 해약해야 할 것 같았다. 결혼을 하고 나면 생활이 좀더 넉넉해질 줄로만 기대했는데 오히려 정반대였다.

직장 선배의 권고로 온라인 재무상담 사이트에 들어가 사연을 올리고 조언을 구했다. 며칠 후 재무 컨설턴트가 올린 글의 골자는 대출 상환과 투자를 병행하라는 것이었다. 컨설턴트의 조언인즉, 주아 씨는 5년 후 맞벌이를 그만둘 때까지 빚을 완전히 청산하는 데 급급한데, 이보다는 대출 상환기간을 늘려 저축을 할 수 있는 자금을 남기는 편이 낫다는 것이었다. 빚을 갚느라 저축을 전혀 하지 않을 경우, 급박한 일이 생겼을 때 다시 빚을 내야 하는 상황이 벌어질 수도 있고, 좋은 투자 기회를 놓칠 수도 있다는 조언에 주아 씨는 십분 공감했다.

"매달 들어가는 대출금 상환금을 100만 원 정도 줄여서 일부는 적금을 들고, 일부는 주식형 펀드에 가입할까 해요. 상환기간이 길어지면 이자가 늘어나지만 펀드에서 그보다 높은 수익이 나기를 기대하는 거죠."

같은 일을 할 때도 뚜렷한 목표와 의지를 가지고 할 때와 그렇지 않을 때의 결과는 크게 달라질 수 있다. 또 세부적인 목표를 어떻게 설계하는가에 따라 마지막에 얻는 과실의 크기는 달라진다. 수첩을 꺼내 10년 후 자신의 모습을 한번 그려보자. 그리고 목표 달성을 위해 해야 할 일이 무엇인지 깊이 고민해보자. 아무 생각 없이 흘려보내는 시간과 불필요한 지출에 제동이 걸릴 것이다.

글로벌 감각을 익혀둔다

4년 전, 김현정 씨가 무역회사에 취업하기로 결심했던 가장 큰 이유는 업무상 영어 사용을 생활화해야 하고, 해외 출장 기회가 많기 때문이었다. 언젠가 기회가 되면 반드시 영어권 국가에서 일하고 싶은 소망을 가진 현정 씨는 친구들을 만날 때면 일부러 외국인 웨이터가 있는 술집을 찾을 만큼 영어를 좋아하고, 또 잘하고 싶어한다.

영어에 대한 이런 열망은 대학교 졸업 전인 미국 어학연수 시절에 생긴 것이다. 미국 극장에서 영화를 보는데 세계적인 스타의 대사를 자막 없이 이해한다는 사실이 현정 씨에게 짜릿함을 느끼게 해주었다. 또 CNN에서 조지 W. 부시 미국 대통령의 정치적인 발언을 듣고

이 문제에 대해 사람들과 이야기를 나누면서 20년 넘게 자신을 가두고 있던 장벽을 넘어 더 큰 세상을 무대로 살고 있다는 자부심에 사로잡혔다. 다른 언어를 할 줄 안다는 사실을 넘어서 영어권 사람들처럼 생각하고, 그들의 정서를 흡수한다는 것 자체가 매우 매력적인 일로 여겨졌다.

대개 사람들은 외국에 나가서 향수병에 걸린다고 하지만, 현정 씨는 오히려 미국 연수에서 돌아온 후에 향수병에 걸릴 지경이었다. 우리나라를 아주 떠나고 싶은 생각은 없지만 장기간 영어권 국가에서 살고 싶은 마음은 누구보다 간절하다.

사실 어학연수에서 얻은 것은 영어실력보다 세상을 바라보는 시야가 넓어진 점이 더 컸다. 미국은 물론이고 일본을 비롯한 동남아, 유럽 여러 지역에서 온 학생들과 만나 이야기를 나눈 것이 지구촌의 문화를 더 폭넓게 이해하는 데 밑거름이 되었다.

굳이 무역회사에서 일하고 싶었던 것도 그 끈을 놓지 않으려는 생각 때문이었다. 짧은 영어로 갇혀 있던 우물에서 간신히 벗어난 것 같은데 다시 우물 속으로 잠수하기는 싫었다. 몇 차례 쓴 잔을 마신 끝에 각종 건설 장비를 취급하는 무역회사에서 합격 통보를 받았다. 유명한 기업도, 대기업도 아니지만 일을 할수록 마음에 들었다. 전화나 이메일로 해외 바이어들과 접하는 것도 좋았고, 해를 거듭하면서 외국으로 출장을 갈 수 있는 기회가 많아진다는 점이 무엇보다 기뻤다.

"주로 동남아로 출장을 가는데 일정이 너무 빠듯해서 상당히 힘들어요. 그래도 업무 이외에 얻는 것도 많아요. 바이어들과 식사를 하면서 그쪽 경제 상황에 대한 이야기도 듣고, 부동산 개발 현장이나 대형 마트를 돌아다니다 보면 각국 정부가 어떤 산업에 성장 드라이브를 걸고 있는지도 보여요."

 •••   해외 현장에서 해외 투자 정보를 얻어라

현정 씨는 이렇게 현장에서 습득한 글로벌 감각을 재테크에도 이용한다. 때문에 해외 투자만큼은 '묻지마 투자'를 하지 않는다고 자신한다. 현정 씨는 일찍이 중국과 인도에 투자하는 펀드에 가입했고, 2006년 말에는 일본의 주가지수 움직임을 추종하는 상장지수 펀드ETF/exchange traded fund를 매입하는 등 분주하게 해외 투자 비중을 확대하고 있다.

특히 현정 씨는 중국과 베트남 장기 투자에 강한 매력을 느낀다. 중국의 주식시장은 정치적인 문제로 불확실성이 점점 커지고 있고, 베트남에 대해서도 버블이라는 지적이 적지 않지만 현장에서 확인한 현정 씨의 확고한 믿음은 바꿀 수가 없다.

"한번 나가보세요. 돈이 될 만한 일이 눈에 쏙쏙 들어와요. 우리나라가 한창 경제개발에 나설 때와 상황이 거의 똑같잖아요. 우리가 먼저 걸어온 길과 거의 비슷한 수순으로 발전할 것이라고 보면 타임머신을 타고 미래에 갔다가 다시 과거로 돌아온 기분이에요. 특히 중국은 주식시장과 부동산 모두 투자 가치가 높은 것 같아요. 장기적인 안목을 가지고 단기적인 급등락을 참아낼 수만 있다면요."

상하이 시내에 뻗어 올라가는 아파트 단지의 고급스러움이란 강남 고가의 주상복합 건물과 비교할 수 있을 정도로 놀라웠다. 소득이 높아진 중국인들이 기존의 전통 주택보다 아파트에 살기를 열망한다는 사실을 확인한 현정 씨는 건설 산업과 거기서 파생되는 여러 산업의 장밋빛 성장을 예측할 수 있었다. 통신 산업도 마찬가지. 전체 인구 대비 휴대 전화 이용자의 비중이 아직 낮은 만큼, 향후 몇 년 동안 무선통신 산업의 성장은 의심할 여지가 없다는 판단이 들었다.

2007년 초반 중국 주식시장이 고전하면서 수익률이 곤두박질치자, 투자자들은 펀드 신규 가입을 망설이는가 하면 기존의 투자자들도 환매를 고민하는 모습을 보였지만, 현정 씨는 조금의 흔들림도 없었다. 무엇보다 중국의 장기 성장에 대한 믿음이 확고하기 때문이다.

단기적으로 중국의 주가가 흔들린다고 해서 중국 경제가 전반적으로 망가지는 것은 아니라고 현정 씨는 설명한다. 실제로 중국의 고성장은 여전히 꺾이지 않았고, 기업들도 탄탄하게 뻗어가고 있다. 해외 금융자본이나 기업은 여전히 중국에서 투자 기회를 모색하고 있고, 중국의 많은 기업들은 국내외 증시에 상장하려고 하고 있다. 중국 경제는 주가가 급등했던 2006년과 마찬가지로 잰걸음으로 성장하고 있는 것이다.

이런 상황에서 2007년 초 중국 증시의 하락은 정치권에서 찬물을 끼얹은 데 따른 데서 비롯되었다는 것이 현정 씨의 분석이다. 때문에 이는 펀드 환매를 고민해야 할 일이 아니라 오히려 낮은 가격에 펀드나 주식을 매입할 수 있는 기회라고 강조했다.

"일본 증시의 상장지수 펀드를 사들인 것은 최근 출장에서 일본 소비가 살아나고 있다는 것을 피부로 느꼈기 때문이에요. 그렇잖아도 외신을 통해 일본이 장기 불황의 터널을 거의 빠져나왔고, 기업들의 실적 전망도 밝다는 소식은 이미 수없이 전해지고 있었어요. 단지 한 가지 걸리는 점이 있다면 경기 회복에도 여전히 부진한 소비였는데 출장길에서 뭔가 달라지고 있다는 것을 느낀 순간 투자를 결심하게 된 거예요."

출장길에 오른 현정 씨는 짬을 내 일본 백화점과 번화가를 둘러보았다. 할인기간이 아닌데도 소비자들은 지갑 열기를 꺼리지 않는 분위기였다. 백화점의 한국 가전제품 매장에서 일하는 직원에게 매출 현황을 질문한 현정 씨는 고가의 신제품도 판매가 호전되고 있다며, 예전 같지 않다는 얘기를 전해들을 수 있었다.

해외 투자 인구가 최근 급증했지만 그중 얼마나 많은 사람들이 객관적인 근거를 가지고 접근했을까 생각하면 다소 걱정스럽다. 해외여행이나 출장길에서 단순히 보고 즐기는 데 그치지 않고, 투자 판단의 근거를 찾아내는 현정 씨의 자세는 투자자라면 누구나 따라야 할 부분이다.

현정 씨가 펀드가 아닌 ETF를 선택한 것도 나름대로 글로벌 감각을 발휘한 것이다. 미국을 중심으로 해외 시장에서는 인덱스펀드보다 ETF가 높은 인기를 끌고 있으며, 거래가 활발한 데는 그만한 이유가 있다는 사실을 포착했기 때문. 해외에서는 지수뿐 아니라 테마를 형

대표적인 해외 ETF 상품

국가	상품명
미국	SPDR S&P500
유럽	IndEXchange DJ EuroSTOXX 50Ex
일본	ETF-NIKKEI 225
홍콩	Tracker Fund of Hong Kong
싱가포르	streetTRACKS STRAITS TIMES

성하는 특정 종목, 업종 지수까지 주식시장만 해도 셀 수 없이 많은
ETF가 투자 자금을 흡수하고 있다.

"과거 미국 증시를 분석한 결과를 보면 80%의 펀드가 주가지수 수
익률보다 낮은 수익률을 낸 것으로 나와요. 아무리 공격적으로 운용
하고 모멘텀 투자를 한다 해도 시장수익률을 못 따라갔다는 얘기죠.
지수 상승만큼의 수익률을 내면서 펀드보다 수수료 비용이 낮은 ETF
가 더 좋은 투자 상품이라는 결론이 자연스럽게 나오더군요. 실제로
외국에서는 이런 이유로 ETF의 거래가 활발하고, 역사도 긴데 국내
에서도 결국 같은 흐름이 나타날 것 같아요."

 ••• 해외 경제의 큰 흐름을 읽는다

현정 씨는 내집 마련을 성급하게 생각하지 않는다. 아직 결혼 전이고,
20대 후반인 탓도 있지만 나름대로의 논리에 근거한 판단이 있기 때

문이다. 현정 씨는 국내 부동산 시장에 최근 몇 년 사이 나타난 급등과 버블은 재현되지 않을 것이라고 믿는다. 인구 고령화와 저출산으로 인해 주택 수요가 점차 줄어들고, 특히 베이비붐 세대의 은퇴가 본격화하기 시작하면 주택 가격의 상승 요인이 약화될 것이라는 계산이다.

"동남아도 개발도상국들이 과거 우리나라의 성장 발자취를 따라오는 것과 마찬가지로, 우리나라도 선진국의 전철을 밟고 있다는 생각이 들었어요. 선진국의 인구 고령화와 기업 퇴직연금 도입이 개인의 재산 가격에 미친 영향을 보면, 부동산 투자보다는 오히려 주식 투자의 기대수익률이 커졌죠. 따라서 우리나라도 미국처럼 주식시장이 10년 동안 강력한 대세 상승을 보이지는 않는다 해도 국내 증시 흐름이 미국과 크게 다를 거라고 보기 힘들어요."

현정 씨는 손에서 업무를 놓은 후에도 시간을 헛되게 보내는 일이 없다. 연수 때 만난 베트남과 일본 친구와는 아직도 이메일을 주고받는다. 또 케이블 방송을 통해 미국 현지 방송을 보는 것도 잊지 않는다. 2006년 하반기, 새벽 1시 전후에 방영되는 〈오프라 윈프리 쇼〉를 본 현정 씨는 앞으로 세계 경제 성장의 엔진인 미국의 힘이 점점 쇠퇴하고 있다는 것을 어렴풋하게나마 느낄 수 있었다. 적어도 소비 측면에서는 미국이라는 강대국에 큰 기대를 걸기 힘들다는 생각을 지울수가 없었다.

"당시 방송 주제가 부채debt 다이어트였어요. 집값이 급등하니까 은행에서 대출을 받아 고급스러운 자동차도 사고, 값비싼 레스토랑에서 외식도 하며 무분별하게 소비를 늘렸던 사람들이 감당하기 힘들 정도로 부채를 떠안아 파산 위기에 직면했다는 내용이죠."

당시 방송에서 진행자인 오프라는 전문가를 방송에 초대해 무거운 부채에 허덕이는 사람들에게 부채를 줄일 수 있는 방법을 제안했다. 회원까지 받아가면서 부채 다이어트를 확산시키려고 하는 모습에서 가계 부채가 미국에서 얼마나 심각한 문젯거리인지 충분히 짐작할 수 있었다.

이를 본 현정 씨는 미국 사람들이 건강하게 부채를 줄여나가든 정말로 파산하는 가계가 늘어나든 간에 둘 다 미국의 소비가 줄어들 수 있는 요인이 될 수 있다는 것을 직감했다. 더불어 우리나라의 대미 수출도 힘들어질 수 있다. 따라서 현정 씨는 앞으로는 수출주에 투자를 하더라도 미국보다 일본이나 동남아, 유럽 시장에서 시장 지배력이 있는 기업이 유망할 것이라고 야무지게 말한다.

국내 주식에 투자를 하더라도 글로벌 감각을 가질 때와 그렇지 못할 때의 결과는 크게 달라질 수 있다. 해외 시장에 투자할 때는 두말할 나위도 없다. 국내외 투자 기회는 점차 넓어지고, 또 다양해지고 있다. 여기서 더 많은 기회와 결실을 얻기 위해서는 국내뿐 아니라 해외 경제 흐름에서 소외되지 않을 만큼 공부하고 시야를 넓혀야 한다.

펀드 붓듯 기부금을 부어라

'국내 적립식 펀드 20만 원, 해외 펀드 20만 원, 주택마련장기저축 65만 원, 부모님 용돈 20만 원, 보험료 10만 원, 각종 공과금 약 20만 원, 당비 1만 원, 카드 결제 30만 원'

대기업 식품부에서 신제품 개발을 담당하는 윤승혜 씨(32세)의 기본적인 재테크 포트폴리오이다. 정기적으로 나가는 금액들이기 때문에 매달 27일이면 승혜 씨의 통장에서 한꺼번에 빠져나가게 된다. 당연히 남는 돈은 그 달의 생활비가 된다. 매달 빠져나가는 돈은 거의 일정하지만 전월 신용 카드를 얼마나 긁었는가에 따라 다소 차이가 발생하고, 요즘은 남는 돈으로 직접 투자를 조금씩 해볼 생각도 갖고 있다.

이 정도 손익계산서라면 30대 초반의 여성 직장인들과 큰 차이가 없어 보이는데 눈에 띄는 부분이 있다. '당비 1만 원'이 그것이다.

모 정당의 당원으로 활동하고 있다는 승혜 씨는 매달 1만 원씩 당비를 내고 있다. 대학 시절부터 민중의 편에 선 정치를 염원했다는 승혜 씨는 자신의 가치관에 따라 정치에 참여하고 싶어 2년 이상 당비를 낸다고 한다. 뜻하는 바가 있을 때 정적이기보다 동적인 편에 속하는 승혜 씨는 대학 시절 시험공부도 뒤로 미룬 채 동아리 활동에 전념했고, 이 정당에 당원으로 가입할 때도 망설임이 없었다. 이 때문에 어머니와 갈등을 빚기도 했지만 뜻을 굽힐 생각은 처음부터 없었다.

 ●●● 펀드 납입보다 당비 낼 때 더 큰 보람

당원이 되었으니 당비를 내는 것은 당연지사다. 마음속으로만 지지하는 것은 의미가 없다. 옳다고 생각하는 일에 물심양면으로 지원하는 것이 마땅하다고 굳게 믿는 승혜 씨. 사실 승혜 씨의 월급에서 한 달에 1만 원이면 부담스러운 금액은 아니다. 하지만 어떤 일에 의미를 두든 그 일에 금전적인 보탬을 실천하는 이들은 흔치 않다.

"돈 벌어서 혼자 잘살겠다고 저축만 하는 것은 아무 의미가 없다고 생각해요. 전 펀드에 투자할 때보다 당비를 낼 때 더 뿌듯하고 보람 있어요. 일해서 번 돈으로 우리 사회가 발전하는 데 보탬이 된다고 생각해보세요. 얼마나 어깨에 힘이 들어가는데요."

뚜렷한 정치적 이념이 있고, 그 이념을 실천하는 데 한몫하고 있다는 사실에 승혜 씨는 대단한 자부심을 내비쳤다.

엄국희 씨(27세)도 국제 비정부기구의 후원금으로 매달 2만 원씩 납입한다. 이 후원금은 국내뿐 아니라 해외의 불우이웃을 돕는 일에 쓰인다. 남들은 해외 펀드로 해외에 투자한다지만, 국희 씨는 해외로 보내는 후원금을 통해 지구촌의 배고픈 아이들과 병든 이들, 각종 자연재해로 삶의 터전을 잃은 이웃들에게 가진 것을 나눠주고 있다. 언젠가는 재테크의 일환으로 해외 펀드에 가입할 생각이지만 당장은 자신이 도움이 될 수 있는 기관을 찾는 데 더 관심이 많다.

평소 텔레비전을 시청할 때 멜로드라마나 개그 프로그램보다 불우이웃의 힘겨운 삶을 다룬 프로그램을 더 즐겨본다는 국희 씨. 텔레비전을 통해 누군가의 도움을 간절하게 바라는 이들의 삶을 접하면서 직장을 얻고 경제력을 갖게 되면 반드시 좋은 일에 쓰겠다고 다짐했다.

타고난 부잣집 딸이 아닌 국희 씨는 어렸을 때는 자신의 환경이나 조건이 불만스럽기도 했다. 하지만 불우이웃 돕기 프로그램을 통해 이 세상에는 자신보다 훨씬 안 좋은 여건에서 사는 사람들이 많다는 것을 알게 되었다. 태어난 지 1년도 안되어 백혈병에 걸린 아기, 태어나자마자 엄마에게 버림받은 아기, 쓰레기장을 헤집고 다니면서 고사리 같은 손으로 빈 병을 주워도 하루에 한 끼 먹기가 힘든 아프리카 아이들을 보며, 비록 넘치도록 풍족하진 않아도 자신의 환경에 감사하는 마음을 갖게 되었다. 또 반드시 자신이 능력 있는 사람이 되어 그들에게 보탬이 되고자 하는 목표도 세웠다.

결심한 대로 국희 씨는 취업에 성공하고 첫 월급을 받은 날부터 사랑을 실천하는 일에 나섰다. 2만 원씩 후원금을 낸 것도 어느새 3년이 훌쩍 지났다.

"인터넷에서 찾아보면 후원 활동을 벌이는 비정부기구나 복지재단이 많아요. 아니면 교회나 성당을 통해서 도울 수도 있지 않을까요. 특별히 조건을 정하지는 않았어요. 그냥 몇 개 단체의 홈페이지를 방문해 활동 내용을 살펴본 다음 마음이 끌리는 곳을 택했어요."

쉽지 않은 일을 하면서도 국희 씨는 겸손함을 잃지 않는다. 3년 동안 후원금을 내면서 소득공제를 받은 일이 한 번도 없었다. 물론 재테크 관점에서 평가하자면 낙제점이다. 괜히 생색내기 같아서 소득공제를 받지 않는다는 국희 씨는 남들에게 베푸는 것을 자기 자랑이나 홍보용으로 이용해서는 안 된다고 말한다.

앞으로 국희 씨는 연봉이 3,000만 원을 넘어서면 기부금을 두 배로 늘릴 생각이다. 그리고 언젠가 4,000만 원으로 연봉이 오르면 세후 소득의 5%를 기부할 계획이다.

"남을 돕는 일이 어쩌면 자기만족을 위한 것일지도 모른다는 생각을 할 때가 있어요. 뭔가 착한 일을 하고 있다고 생각하면 도움을 받는 사람보다 오히려 나 자신이 행복해 하고 있다는 사실을 깨닫게 되거든요."

••• 가치 있게 돈 쓰는 방법

재무 설계사 홍지선 씨(29세)도 정기적인 후원은 아니지만 종종 불우 이웃 돕기에 한몫한다. 연예인이 어려운 이웃을 직접 방문해 그들의 사정을 전하는 한 방송사의 프로그램을 보면서 '사랑의 전화 한 통화'를 걸거나 가끔 개인적으로 후원금을 전달하기도 한다. 그리고 해당 프로그램의 홈페이지를 방문해 어려운 출연자들에게 용기를 북돋워주는 글을 남기기도 한다.

"철이 들면서 느낀 건데 제가 너무 이기적으로 살아온 것 같아요. 학창 시절을 떠올려보면 주위에 어렵게 공부하는 친구들이 많았어요. 대학 때도 아르바이트를 해 스스로 용돈을 벌어 쓰지 않으면 안 되는 친구들이 있었어요. 그런데 부모님 도움으로 편하게 공부하면서 그 친구들한테 점심 한 번 산 일이 없었죠. 가끔 돈을 빌려달라는 부탁을 받을 때면, 큰돈도 아니고 빌린 돈을 안 갚을 친구도 아니었는데 마지못해 빌려준 적도 있어요."

지선 씨는 당시 친구들에게 베풀지 못했던 것을 이렇게라도 만회하고 싶다고 한다.

지선 씨는 선행에 대해 칭찬을 들을 때면 자신이 하는 일은 직접 현장에서 봉사활동을 하는 사람들에 비하면 별거 아니라고 손사래를 치며, 더 늦기 전에 후원 단체에 가입해 정기적으로 기부금을 전달할 생각이라고 한다. 그리고 조만간 휴가를 내어 현장에서 뛰는 일에도 참여하고 싶단다.

투자를 잘 해서 높은 수익률을 올리는 것보다 의미 있는 일에 쓰는 것으로 더 큰 만족감을 얻는 20, 30대 여성들이 적지 않다. '개처럼 벌어서 정승처럼 쓰라'고 했듯이, 이들은 열심히 일한 대가로 개인적인 안락만을 추구하는 것이 아니라 더 의미 있는 일을 함으로써 자신이 가진 돈과 노동의 가치를 높이고 있다.

3

사람을 움직이는
재테크의 기술

전문가의 지식을 내 것으로 만든다

건강에 문제가 생기면 의사를, 법적 문제에 휘말리면 변호사를 찾는다. 그렇다면 집안 재정에 문제가 생기면 대개의 사람들은 어떤 조치를 취할까. 부랴부랴 지출을 줄이고, 그래도 안 되면 보험부터 해약한다. 가족이나 친구들에게 손을 벌려보지만 여의치 않으면 마이너스 통장을 만든다. 문제가 발생해도 근본적인 병의 원인을 찾아 치료하기보다는 땜질식으로 급한 불을 끄는 데 급급하다. 그러고는 똑같은 문제를 되풀이한다.

매년 한 번씩 건강검진 받는 일을 당연하게 여기면서 가계의 재무상태가 어떤지 정기적으로 점검을 받는 사람은 드물다.

홍보대행사 팀장인 김옥용 씨(33세)도 처음에는 그랬다. 직장 후배가 함께 전문가에게 재무 상담을 받아보자고 했을 때 선뜻 내키지 않았다.

수입과 지출을 포함해서 개인적인 재무 상황을 가장 잘 알고 있는 사람은 바로 자기 자신이라는 생각이 강했고, 개인적인 주머니 사정을 다른 사람한테 시시콜콜하게 드러내 보이는 것도 싫었다. 생각하면 자존심 상하는 일이기도 했다. 상담을 받는다고 해서 연봉이 오르거나 부수입을 얻을 수 있는 것도 아니다. 결국 근본적으로 달라지는 것 없이 지출을 줄이는 요령과 금융 상품 몇 개 알려주는 것이 전부일 텐데 쓸데없이 수수료만 낭비할 필요가 없다고 여겼다. 아직은 집안 살림이 그리 빠듯하지도 않은데 굳이 전문가까지 찾아다니면서 진단과 처방을 받을 필요가 있을까 싶었다.

 ••• ## 재무 진단은 건강검진 받듯 하라

옥용 씨의 생각이 바뀐 것은 재무 컨설턴트와 상담을 받은 후배가 예전과 달라진 모습을 보이기 시작한 후였다. 20대 후반의 젊은 나이에 구체적인 은퇴 계획과 노후 대책을 세우는가 하면 보험에 가입할 때 이것저것 꼼꼼히 따지는 것이 제법 전문가 같은 자태를 드러낸 것.

"후배한테서 자극을 받고 상담을 받기로 결심했죠. 그런데 재무 설계사가 요청한 재무현황 자료를 작성하면서 뒤통수를 한 대 얻어맞은 기분이 들었어요. 나 자신에 대해서는 누구보다 잘 알고 있다고 자부

| 나의 재무설계표 |

1. 가족 및 부양가족 관련 자료

관계	성명	생년월일	직업	결혼(예상연령)	비고
배우자					
자녀 1					
자녀 2					
부양 1					
부양 2					

2. 소득 관련 현황

소득구분	성명	세전금액	세후금액	예상 소득기간	소득변동 예상시기	변동 후 소득금액	변동사유

3. 부채 관련 현황

부채종류	사용용도	금융사	대출금액	금리	현재잔액	월상환금액	상환방법

* 부채종류 : 주택 담보, 예금 담보, 신용 대출, 자동차 할부, 보증 채무 등
* 상환방법 : 만기일시, 원(리)금균등 방식, 거치 후 상환 등

4. 금융 자산 현황

상품명 금융 기관	월 납입액	적용이율	현재가액	가입일	만기일	용 도	명 의

* 상품명에는 현금, 주식, 수익증권, 채권 등 상세히 기재하여 주십시오.

5. 부동산 현황

용 도	취득일	현 시가	면 적	담보 여부	명의(관계)

* 용도 : 주택, 별장, 토지, 상가, 전답, 임야 등(전/월세 보증금도 기재)

6. 위험 관리 및 보장 관련

피보험자	상품명(회사)	월 보험료	가입(년/월)	잔여기간	가입경로

했는데 막상 자료를 작성하다 보니 소비 성향이나 투자 성향을 너무도 모르고 있었더라는 거죠. 더 심각한 문제는 필요 없는 지출이 발생하고 있는데도 어디서 얼마나 발생하는지 제대로 파악조차 하지 못하고 있었다는 사실이에요."

옥용 씨는 한 달 동안 담뱃값과 커피 값만 20만 원 넘게 지출하고 있다는 사실이 믿기지 않았다. 지금 타고 다니는 차를 없애고 기름값, 보험료, 여행으로 새 나가는 돈으로 연이율 5%의 정기예금에 가입하면 1년 동안 1,000만 원 가까이 저축할 수 있다는 사실에 벌어진 입을 다물기 힘들었다.

뿐만 아니다. 나름대로 계획을 짜고 실천해오던 투자 방식에서도 허점이 드러났다.

"분산 투자를 한답시고 정기예금과 보험, 펀드 등 이것저것 가입했는데 상담을 받고 보니 조금씩 중복되는 상품들이었어요. 모두 기대수익률이나 리스크에서 별 차이를 보이지 않는 고만고만한 상품들이었죠. 한정된 자금을 여러 개의 통장에 나누었을 뿐, 엄밀히 말해 분산이라고 보기는 힘들었죠. 우대 금리나 소득공제 혜택에 대해서 충분히 따지지 않았다는 사실도 드러나더군요. 연령을 감안해서 집중해야 할 곳과 그렇지 않은 곳을 구분하고, 균형 있는 투자 계획을 세워야 하는데 혼자 해온 방식에는 여러 가지로 허점이 많았어요."

옥용 씨는 이제 재테크에 대해서 조금 알 것 같다. 처음 생각했던 것처럼 상담을 받는다고 해서 연봉이 늘어난 것은 아니었다. 하지만 지출을 줄여 저축할 수 있는 재원을 확보했으니 연봉이 수백만 원은 늘어난 것과 같았다. 금융 상품도 연령과 연봉 수준에 맞게 재정비했다. 이것은 같은 평수의 아파트를 리모델링해 공간 효율성을 높임으로써 집을 넓게 사용하는 것과 같은 이치였다.

이렇게 뼈대부터 재무 설계를 다시 짜고 보니 미래에 대한 그림도 좀더 뚜렷해졌다. 비록 언제 결혼할지, 앞으로 나의 연봉은 얼마나 오를지 등은 잘 알 수 없지만 그에 맞게 대처할 수 있다는 확신이 들었기 때문이다. 이제 막연하기만 하던 미래에 대해 희미하게나마 밑그림을 그려놓은 것 같아 한결 마음이 편안해진 옥용 씨는, 이제 주위 사람들에게도 전문가와의 상담을 적극 추천할 정도다.

가진 것 없을수록 전문가와 가까이하라

일찍부터 전문가와 자신의 재무 상태를 상담 받아온 권형선 씨(32세)는 가진 것이 없는 사람일수록 전문가의 도움이 필요하다고 강조한다. 재무 관리 상담은 고액 자산가에게나 해당되는 일이라는 생각은 잘못됐다는 것. 달리 굴릴 종자돈이 없는 형편인데 무조건 아끼는 것밖에 왕도가 없다는 식이라면 곤란하다는 얘기다. 자칫 잘못하다가는 돈을 아끼느라 드러나게 쓴 것도 없는데, 그렇다고 모이는 것도 없는 최악의 상황이 연출될 수도 있다. 때문에 우선 가입할 상품이 무엇인지, 시간이 지날수록 어디에 비중을 높여야 하는지를 단기, 중기, 장기로 나누어 구체적인 계획을 세우는 과학적인 재테크가 필요하다고 조언하는 형선 씨, 그녀의 표정이 무척이나 진지하다.

"보통 은행 PB라고 하면 고액 자산가들에게 특별한 대접을 해주는 전문가들이라고 생각하잖아요. 그게 사실이기도 하지만 일부 은행에서는 평범한 수준의 월급쟁이를 위한 PB도 갖추고 있어요."

혼자 힘으로 의류가게를 운영하는 형선 씨는 가게를 열기 전에는 연봉 3,000만 원에 총재산이라고 해봐야 5,000만 원 정도가 전부였다. 하지만 당시에도 은행 PB실에서 당당하게 상담 받았다는 형선 씨는, 주위의 도움 없이 혼자 힘으로 돈을 모아 소망하던 가게를 꾸릴 수 있었던 것도 모두 꼼꼼한 재무 상담 덕이라고 단언한다.

형선 씨의 말처럼 재무 컨설팅은 가진 것이 많은 사람들보다 넉넉하지 못한 이들에게 더 필수적이다. 부자들에 비해 여유가 없는 형편인 만큼 첫 단추부터 올바르게 끼워 허술하게 새 나가는 틈을 막고, 제대로 굴려서 자산을 늘려 나가야 할 것 아닌가.

사업을 시작한 지 2년째 접어든 형선 씨는 연초에 상담을 받은 대로 재무 계획을 실천해 나가면 내년쯤엔 사업장도 넓히고, 자그마한 아파트도 가질 수 있을 것 같다며 행복한 표정을 지어 보인다.

 ••• 전문가를 최대한 이용하라

돈 관리에서는 소심한 성격이 오히려 득이 될 때가 많다. 매사에 소심한 편인 전민주 씨(32세)는 부담 없이 금융상품 정보를 문의할 수 있다는 점 때문에 재무 상담을 선호한다. 대기업 홍보실에서 일하고 있지만, 매사에 결단력이 부족하고 소심한 탓에 재테크를 할 때도 난관이 많다. 원금이 보장되는 정기예금은 물론이고, 10만 원씩 불입하는 주식형 펀드에 가입할 때도 몇 달을 망설이고 여러 증권사 영업점을 방문해 문의한 끝에 겨우 결정을 내릴 정도였다. 이런 성격에 직접 투자는 꿈에서도 있을 수 없는 일이다. 어떤 상품이든 보험도 하나 정도는 가입을 해야 할 것 같은데 쉽지 않다. 보험 설계사를 찾아 문의라도 하면 상품 설명이 아니라 강매를 하려고 드니 접근하기가 겁난다. 홈쇼핑에서 보험 판매가 성황이라지만, 뭔가 상품 정보가 부족한 것 같아 안심하고 가입할 수가 없다.

"전문가에게 상담을 받으면 가입 압박을 받지 않고 상품에 대해 자세한 설명을 들을 수 있어서 좋아요. 보험에서도 종신 보험과 보장성 보험의 차이가 뭔지, 특약은 어떤 기준으로 넣어야 하는지, ELS와 ETF는 어떻게 다른지, 변액 유니버셜의 장단점은 무엇인지. 평소 갖고 있던 궁금증을 해소하고 적합한 상품에 가입하게 되죠."

이러한 상담을 통해 자신이 갖고 있던 재테크 상식 중에 잘못된 점도 알 수 있고, 새로 나온 상품에 대해서도 누구보다 빨리 접할 수 있다는 점이 좋다. 또 재무 상담은 자신의 인생 설계를 돕기도 한다. 민주 씨는 남자 친구와 재무 상담을 함께 받기도 했는데 무엇보다 두 사람의 구체적인 미래를 계획할 수 있어 든든하다.

결혼을 하게 된다면 결혼 비용부터 아이를 출산한 뒤 늘어나는 지출과 취학 이후 필요한 교육비용, 전세 대출금 상환하고 내집 장만을 하기 위한 자금, 남편과 함께 평균 수명까지 생존한다고 볼 때 필요한 노후 자금 등을 정리함으로써 현재의 지출을 통제할 수도 있다.

"재무 상담을 받은 후에는 데이트도 확실히 달라졌어요. 예전에는 크리스마스라고 호텔에서 40만 원짜리 저녁 식사를 하기도 하고, 생일 선물로 남자 친구에게 백화점에서 60만 원짜리 코트를 카드를 긁어 지르기도 했어요. 하지만 지금은 특별한 날이라고 해서 흥청망청 돈을 쓰는 일은 절대 없어요."

한순간의 기분을 즐기기 위해 썼던 돈들이 쌓이면 나중에 재정 상태에 큰 해를 끼치게 된다는 것도 재무 상담을 통해 알 수 있었다. 재무 전문가와 함께 80세까지 필요한 비용을 정리한 민주 씨는 이후 자연스럽게 작은 지출도 꼼꼼하게 체크하는 습관을 갖게 되었다. 마트에서 장을 볼 때도 한 번 더 생각하게 되었다. 앞으로 들어갈 돈을 생각하면 지금 당장 부담스럽지 않으니까 일단 지출하고 보는 식의 태도에도 많은 변화가 생긴 것이다.

하지만 재무 전문가를 찾았다가 실망하는 사람들도 적지 않다. 이는 재무 전문가를 자신의 돈을 일확천금으로 불려줄 수 있는 마술사로 여기거나, 제대로 실력을 갖추지 못한 채 상품 판매에만 주력하는 상담가를 만났기 때문이다.

30대에 접어들면서 공격적인 투자 성향을 갖게 된 남은주 씨는 여러 정보를 취득한 후 주식과 펀드에 투자했지만 별 재미를 보지 못했다. 그래서 상담가를 찾았는데 조언하는 내용이 원하는 것과 달랐다.

"어느 종목을 사두면 6개월 사이 10% 이상 오를 것이라는 전망이나 어느 동네에 아파트 청약을 하면 수익을 낼 수 있을 것이라는 식의 투자 정보를 바랐는데 상담 내용이 이런 것과는 거리가 멀더군요. 따끈따끈하고 귀가 솔깃한 정보가 없어 다소 실망스러웠어요."

상담 전에 명심해야 할 점은 재무 전문가는 점쟁이나 족집게 과외 선생과는 다르다는 점이다. 그들이 사두면 대박 나는 주식이나 아파트를 찍어줄 것이라고 기대한다면 생각을 바꾸어야 한다. 족집게 정보가 아니라 노후까지 과학적인 재무 설계를 위해 전문가의 지식과 노하우를 빌리는 것이라는 생각으로 상담을 받는다면 좀더 알찬 재무 설계를 꾸려나갈 수 있다.

또 한 가지 주의할 점은 재무 컨설팅 업체가 난립하면서 제대로 된 상담을 제공하지 않은 채 수수료 수입을 올리는 데만 급급한 컨설턴트가 적지 않다는 사실이다. 전문가를 찾기에 앞서 해당 업체의 홈페이지를 방문, 상담 사례와 컨설턴트의 프로필을 살펴보고 옥석을 가리는 과정이 필요하다.

돈보다 사람에게 투자한다

앙큼하게 모으고 굴리는 재테크 9단이라고 해서 돈만 아는 속물이거나 자기 잇속만 챙기는 이기적인 이들로 생각하면 곤란하다. 우량한 자산을 키우면서 한편으로 자신에 대한 투자를 게을리 하지 않는 것만큼 주위 사람들을 소중하게 여기고 아낄 줄 아는 골드미스가 적지 않다.

주위를 유심히 둘러보면 경조사가 있을 때마다 빠지지 않고 나타나는 인물이 있다. 평소 친분과 상관없이 있어야 할 자리를 지킨다. 결혼식이나 장례식에 적게는 5만 원, 많게는 10만 원의 부조금을 아깝게 여기지 않는다. 한 돈에 8만 원을 호가하는 금값에도 아랑곳하지 않고 친구의 아기 돌잔치에 기꺼이 참석한다. 이 정도만 해도 경우

바르다는 평가를 얻는 데 어려움이 없다. 설령 봉투에 현금을 밀어 넣으면서 언젠가 결혼할 때, 훗날 내 아이의 돌잔치 때 본전을 챙기겠다는 생각을 했다손 치더라도 사람 좋다는 얘기를 듣는다.

사람이 재산이라는 말을 쉽게 하면서도 얼마나 사람을 소중한 재산으로 여기는지 생각하면 자신이 부끄러워질 때가 많다. 사람 나고 돈 났지, 돈 나고 사람 나지 않았다고 하지만 돈 때문에 우정이 깨지기도 한다. 어려움에 처한 친구를 위해 선뜻 빚보증을 해줄 수 있는가? 못 받을 줄 알면서도 돈보다 우정이 소중하기 때문에 망설임 없이 1년 연봉에 해당하는 거금을 빌려줄 수 있을까? 슬프지만 딱한 사정의 친구가 안쓰러운 것과 별개로 주머니를 털어야 하는 문제에 대해서는 냉정해지는 것이 현실이다.

 ● ● ● 2년 부은 적금, 친구 등록비로

지난해 우인숙 씨는 매달 30만 원씩 불입하던 적금 통장을 해약했다. 2년 넘게 부어 찾은 적금은 이자를 합쳐 800만 원이 조금 안 되는 액수였다. 인숙 씨가 적금 통장을 깬 것은 친구 진미희 씨의 대학 등록금을 내기 위한 것이었다. 당장 써야 할 곳이 있는 것은 아니었지만 800만 원쯤이야 별것 아니라고 할 만큼 여유 있는 처지도 아니었다. 멋 내고 싶은 것, 놀고 싶은 것을 참아가며 2년 넘게 모은 돈이었다.

"중학교 때부터 친구였어요. 고등학교 때 서로 다른 학교에 진학하면서 연락이 끊어졌다가 대학 입학 후 다시 만났죠. 이 친구가 스물아홉 살에 다시 대학생이 되었어요. 처음 입학한 대학교에서 졸업장을 받지 못했대요. 그 때 경제적인 형편이 여의치 않았었나 봐요. 어렸을 때 부모님을 잃고 고모와 할머니 손에 자랐다는 것을 알고 있었기 때문에 그러려니 짐작만 했죠. 졸업을 못한 채 조그만 벤처 회사에 취직해서 일을 하더니 언제 입시를 준비했는지 들어가기 힘들다는 명문대 약학과에 턱 하니 합격했지 뭐겠어요."

학창 시절 반에서 1, 2등을 다툴 만큼 공부를 잘했고 똑똑하다고 생각한 친구이기에 대학을 중도에 포기했다는 말에 무척이나 안타까워했는데, 다시 공부를 할 수 있게 되었다니 인숙 씨는 자기 일처럼 말할 수 없이 기뻤다. 서른을 눈앞에 두고 대학 입학이라니 다소 늦었다는 생각이 들었지만 졸업 후 전문직의 진로가 보장되는 만큼 크게 문제되지 않을 것이라고 진심으로 친구를 격려해주었다.

사실 미희 씨의 두 번째 대학 생활도 순탄치 않았다. 기댈 곳 없이 혼자 힘으로 학비를 마련해야 하는 입장이다 보니 닥치는 대로 아르바이트를 뛰어야 했다. 강의가 비는 시간에는 학교 도서관 아르바이트로, 수업이 끝난 후에는 과외로 학비를 벌어야 했다. 시험기간이면 가르치는 학생과 함께 밤을 새워가며 공부했다. 방학 때라고 여유를 부릴 수 있는 입장이 아니었다. 아르바이트를 하나라도 더 해서 '일용할 양식'을 비축해둬야 했기 때문이다. 대학 시절 누구나 한 번쯤 경험하는 MT도, 동아리 활동도 미희 씨에게는 너무나 사치스러운 일이다.

하루하루를 인간의 한계에 도전한다는 마음으로 뛰었지만 '구멍'

이 생기고 말았다. 부모나 다름없는 할머니가 췌장암으로 앓아누우신 것. 몇 군데의 병원을 전전하면서 각종 정밀검사를 받고, 췌장암이라는 최종 진단에 하늘이 무너지는 듯한 절망감을 안고 입원을 했지만, 제대로 손쓸 틈도 없이 세상을 떠나기까지는 석 달도 채 걸리지 않았다. 할머니가 그렇게 허무하게 떠나는 사이 한푼 두푼 통장에 모으던 학비는 순식간에 빠져나갔다. 유일하게 의지하는 고모도 형편이 딱하기는 마찬가지여서 병원비 부담에 큰 힘을 보탤 수가 없었다. 당장 먹을 것을 걱정해야 할지도 모르는 상황이었지만 할머니만 살릴 수 있다면 목숨도 내놓고 싶은 심정이었다.

"장례식을 치른 후 다시 만났을 때 조심스럽게 물어봤어요. 몇 달 동안 할머니를 보살피느라 아르바이트도 제대로 못했을 텐데 적지 않은 병원비를 감당해야 했으니 수중에 돈 한 푼 없을 게 뻔했거든요. 아직 마음으로 할머니를 보내드리지 못했는지 세상 안 살 사람처럼 넋을 잃고 있는데 걱정하던 대로였어요. 다음 학기 수강할 돈도, 당장 필요한 생활비도 없는 상태더군요. 그냥 보고 있을 수가 없었어요. 물론 통장을 깨는 일이 쉽지는 않았어요. 하지만 마음만 준다고 해서 진정한 우정이라고 할 수 있을까 생각하니 망설였던 나 자신이 부끄러워지더군요."

마음속 깊이 사랑하는 친구가 현실적으로 극한 어려움에 처해 있고, 꿈을 펼치며 살아가기 위한 마지막 보루인 대학 공부를 포기해야 하는 상황이었다. 적금 통장을 깨는 일은 대단히 고민스러운 문제도 아니었다. 친구가 힘들어하지 않았으면 하는 진심어린 마음과, 돈이 없어 다시 꿈을 접어야 하는 불행을 되풀이하지 않았으면 하는 바람으로 충분했다.

돈보다 소중한 것은 사람

사실 인숙 씨가 친구를 이만큼 소중하게 여기게 된 데는 그만한 사연이 있었다. 3년 전이다. 늦은 밤 휴대 전화가 울려 발신자번호를 확인했는데 반가운 번호가 찍혀 있었다. 고등학교를 함께 다닌 고향 친구였다. 서울로 대학을 진학한 후로는 1년에 한두 번 만나기도 힘들었지만 허물없이 지내며 고민을 털어놓는 사이였다.

입이 귀에 걸릴 만큼 활짝 웃으며 전화를 받았는데 상대방은 친구가 아닌 친구의 어머니였다. 순간적으로 뭔지 모르지만 불행한 일이 벌어졌다는 직감이 온몸을 감쌌고, 친구가 세상을 떠났다는 어머니의 말이 끝나기도 전에 왈칵 눈물이 쏟아졌다. 같이 울면서, 서로를 위로하면서 친구의 어머니와 한 시간 남짓 통화를 했는데 그날 밤 잠을 이룰 수가 없었다. 겨우 잠이 들었다 울면서 깨기를 반복하는 사이 날이 밝았다.

"지금도 가끔 그 친구가 떠오르면 눈물이 고여요. 아팠대요. 건강이 좋지 않다는 얘기를 하긴 했는데 위독하다는 사실은 전혀 몰랐어요. 누구보다 열심히 살았고, 꿈도 많은 친구여서 더 마음이 아파요. 어머니가 얘기해준 일기 내용이 유서 같더군요. 심각한 병에 걸렸다는 사실을 알면서 가족들에게 알리지 않고 혼자 힘들게 버텼던 것 같아 더 안타까워요. 그때 생각했죠. 친구가 많이 아프다는 사실을 알았다면 뭘 해줄 수 있었을까? 그 친구가 눈을 감기 전에 도움을 구했으면 무엇이든 기꺼이 줄 수 있었을까? 지금 생각 같아서는 뭐든 아깝지 않을 것 같지만 친구를 잃기 전에도 같은 마음을 가질 수 있었을지 솔직히 자신하지 못하겠어요."

인숙 씨가 내미는 봉투를 미희 씨는 선뜻 받지 못했다. 손을 내젓는 미희 씨에게 인숙 씨는 그냥 주는 것이 아니라 빌려주는 것이라는 진부한 말로 봉투를 안겼다. 단순한 동정이 아니었다. 보잘것없는 도움으로 크게 될 수 있는 친구라고 믿었기 때문에 사람에게 투자한다는 생각으로 통장을 깼다. 친구가 행복해질 수 있다면, 자신이 원하는 삶에 가까이 갈 수 있도록 보탬이 된다면 더 바랄 것이 없었다. 뿐만 아니라 세상에 태어나 뭔가 보람 있고 훌륭한 일을 한 데 대한 뿌듯함은 돈으로 가치를 따지기 힘들 만큼 값진 일이지 않은가.

부산에서 부동산 중개사무소를 운영하는 손채윤(37세) 씨는 회원으로 활동중인 투자 클럽이 총 3개다. 중국 주식과 국내 부동산 투자 클럽, 그리고 특정 투자자산을 정하지 않은 클럽이 하나 있다. 이 중 부동산 투자 클럽이 결성 4년 만에 와해 위기를 맞았다. 클럽 내에서 뜻이 맞는 6명이 뭉쳐 사모 펀드를 만들고 부동산 전업 투자자인 서울의 한 회원이 펀드 운용을 맡았는데 원금에서 70% 이상 손실이 발생하고 만 것. 레버리지를 일으켜 상가 건물을 매입했는데 임대 수익도 예상만큼 나오지 않았고, 건물 가격은 오히려 떨어지고 말았다.

원금을 잃은 회원들에게 펀드 운용자의 진심 어린 사과는 아무런 의미가 없었다. 중요한 것은 투자에 실패했다는 사실이었다. 날마다 부동산 불패신화가 창조된다는 서울에서 원금 손실이라니 받아들이기 어렵다는 표정들이다. 하지만 투자 자금을 잃고도 아랑곳하지 않는 회원이 있었으니 다름 아닌 채윤 씨다. 죄지은 사람처럼 기어들어 가는 목소리로 사과의 전화를 걸어온 펀드 운용자에게 채윤 씨는 오히려 용기를 북돋워주었다.

"부동산 투자라는 것이 처음 계획한 대로 척척 풀리는 일이 아니거든요. 목표했던 수익률을 올리려면 처음 생각했던 것보다 투자 기간이 훨씬 더 길어질 수도 있고, 아무리 시장이 강세장이라고 해도 종목을 잘못 선택하면 손실이 날 수도 있어요. 하는 일이 부동산 중개업이다 보니 누구보다 잘 알죠."

채윤 씨가 손실을 낸 펀드 운용자에게 관대했던 것은 부동산 투자 메커니즘을 이해하고 있을 뿐 아니라, 운용자를 길게 보고 함께 할 동료라고 생각했기 때문이다.

"이번 일로 관계가 깨지면 소중한 사람을 잃어버리는 것인데 그건 바라는 일이 아니에요. 잘못된 판단을 내린 것이 사실이지만 인연을 끊어버리기에는 아까운 사람이거든요."

당장의 이익보다 중요한 것은 사람이다. 50% 이상 수익을 내는 펀드를 찾는 것보다 사람에 대한 투자가 더 소중한 일이 될 수 있다. 길게 볼 때 투자가치가 있는 일이나 사람을 위해서라면 당장의 손해는 결코 손해가 아니라는 이들의 말을 되새겨보자.

멘토를 찾아라,
그리고 부자 유전자를 이식하라

큰 병에 걸렸을 때 병을 이겨내려면 주위 사람들에게 알려야 한다는 말이 있다. 그래야 치료에 효과가 있는 방법을 많이 확보할 수 있다는 뜻이기도 하고, 대개는 자신이 아프다는 사실을 숨기고 싶어하는데 그래서는 병을 고치기 힘들다는 의미를 담은 것이기도 하다.

경제적 형편에 대해서도 마찬가지다. 자신의 소득은 물론이고 경제적인 문제를 드러내고 싶어하는 사람은 거의 없다. 친한 친구들 사이에서도 연봉이나 자산 현황을 묻는 것은 결례로 인식되기도 한다.

그런 면에서 백화점 고객관리팀 팀장인 정세나 씨는 상당히 무례한 편이다. 저런 말을 아무렇지도 않게 내뱉다니 도대체 생각이 있는 사람인가 하는 의문이 생길 정도다.

"어머, 그렇게 차려입고 다니려면 돈 많이 들겠어요. 그런 옷은 어디서 사요? 얼마나 해요?"

"언니는 부모님한테 따로 생활비 안 드려요? 난 매달 50만 원씩 보내려니까 허리가 휠 지경이에요. 언니는 옷도 잘 안 사 입고, 달리 돈 쓸 데도 없으니까 저축 많이 했겠다. 얼마나 모았어요? 한 1억?"

여직원이 많은 백화점에서 일하는 세나 씨가 사석에서 평소 궁금했던 것들에 대해 질문을 쏟아낸다. 이런 거침없는 질문에 처음에는 다들 무척이나 당황스러워했다. 더러는 정색을 하며 화를 내기도 했다. 한동안은 요주의 인물로 찍혀 '왕따'를 당하는 지경에 이르기도 했다. 하지만 평소 허물없이 사람을 대하는 세나 씨의 진심을 알게 된 직장 동료들은 웃으며 넘길 만큼 여유가 생겼다. 오히려 세나 씨로 인해 서로 재정적인 고민을 털어놓기도 하고, 투자 정보를 나누기도 하면서 더 가까워진 느낌이다.

"보험에 원래 이렇게 돈이 많이 들어가요? 월급 들어오기가 무섭게 사방팔방 빠져나가는데 보험료로 13만 원이나 낼 생각을 하니까 아찔해요."

"일이 재미있긴 한데 뭐 남는 게 있어야 보람이 있죠. 회사를 1년 넘게 다녔는데 저축한 돈은 달랑 370만 원밖에 안돼요."

"어휴, 어쩜 좋아. 이번 달 카드 대금이 80만 원 넘게 나왔어요. 근데 내역을 보니까 90%는 먹고 마시는 데 썼지 뭐예요. 돈도 아낄 겸 다이어트라도 해야겠어요."

뭐 대단한 자랑거리나 된다는 듯이 세나 씨는 지갑 속까지 다 열어 보여줄 태세다. 부끄러운 줄도 모른다. 이제 직장 선배들이 인사 대신 카드 대금을 막았냐고 물을 정도다. 회사에서 뿐만이 아니다. 틈날 때마다 세나 씨는 인터넷 카페에 접속한다. 세나 씨가 가입한 카페는 모두 3개. 다들 '○○○ 3억 만들기' 하는 식의 재테크 모임이다.

 ● ● ● 금융 전문가가 운영하는 카페를 활용하라

그래도 창피를 무릅쓰고 주머니 사정을 만천하에 알린 것이 적지 않게 도움이 되었다. 자신이 걸린 병에 대해 주위 사람들과 이야기를 나누다 보면 먼저 같은 병에 걸렸다가 고생 끝에 완치된 이를 만나는 것처럼 긴요한 재테크 정보를 주는 '멘토'를 두게 된 것. 또 몸에 좋은 민간요법을 배워 생활에 접목하는 것처럼 재테크에 유리한 방향으로 일상을 리모델링할 수 있었다.

"고민거리가 생길 때마다 카페의 시샵에게 털어놔요. 인터넷에서요. 직업을 밝히지는 않지만 아마 금융 회사에 다니나 봐요. 20대 후반이라는데 정보도 많고 돈 모으는 요령도 많이 알고 있어요."

시샵의 조언대로 우선 집을 옮겼다. 직장 근처 한 오피스텔에 살던 세나 씨는 1년 만기가 끝나자마자 다세대 주택에 전세를 얻어 이사를 했다. 보증금 1,000만 원에 월세 60만 원을 내는 오피스텔은 겉멋을 내기에는 좋겠지만 재테크에는 전혀 도움이 안 된다는 시샵의 따끔한

충고를 듣고 나서였다. 뿐만 아니라 월 평균 소득이 220만 원인데 여기서 60만 원을 월세로 낸다는 것은 소득에서 주거비가 차지하는 비용이 너무 크다는 말도 일리가 있다는 생각이 들었다.

당장 전세 자금이 없어 고민했지만, 이 때도 시삽의 조언대로 전세 자금 대출을 받았다. 2,000만 원을 대출 받아서 회사에서는 좀 떨어진 주택가 연립에 3,000만 원짜리 전세를 얻은 것. 월세를 내던 만큼 대출 원금과 이자를 갚는 데 쓰고 있지만, 다 갚으면 원금은 자기 돈이 되는 것이기에 월세에 비하면 훨씬 남는 장사다. 연말에 소득공제도 받을 수 있으니까 자동적으로 '세테크' 도 되는 셈이다.

건강보험은 설계사에게 추천 받은 종신 보험이 아니라 시삽의 권유대로 순수보장형을 택했다. 자신에게 필요한 보장을 선택하면서 보험료는 2만 원대로 낮출 수 있었다.

보통 종신 보험에 가입해야 든든하다고 생각하는데 그렇지도 않다. 실질적으로 종신 보험은 스페셜 모둠 안주와 같다. 맛있는 안주가

금융 전문가가 운영하는 카페

카페명	사이트 주소	분야
한국 자산 관리 전문가들의 모임	cafe.naver.com/financialgroup	자산 관리
딸기아빠의 재무설계 펀드 이야기	cafe.naver.com/stocknjoy	재무설계/펀드
펀드/주식/재무설계&투자와인생	cafe.naver.com/fundbank	재무설계/재테크
보험쟁이	cafe.daum.net/insuplus	보험
아름다운 부자	cafe.daum.net/mibusa	재테크
선한 부자	cafe.daum.net/fq119	재테크

없는 것 없이 다 들어 있어서 좋을 것 같지만 그렇기 때문에 가격이 비싸고, 개인적으로 좋아하지 않는 음식도 있기 때문에 결국 먹고 싶은 것만 먹고 싫어하는 것은 남기게 된다는 얘기다. 보험은 저축의 개념으로 드는 것이 아니기 때문에 소멸형이 아깝다고 생각할 필요도 없다. 오히려 비용을 줄이면서 필요한 보장 내용만 넣을 수 있어 보험이 실용적이다.

 ••• ## 가까운 곳에서 멘토를 찾아라

너도나도 재테크를 외치니까 재테크 카페를 3개나 가입할 정도로 관심은 컸지만 자산 관리의 필요성이나 목표 의식이 부족했던 세나 씨는 멘토를 통해 재무 설계에 대한 인식도 높여가고 있다.

우선 한 달 동안 피자와 치킨, 친구들과의 외식에 대한 유혹을 독하게 뿌리치고 집에서 밥을 지어 먹었더니 30만 원 가까이 외식비를 아낄 수 있었다.

"통장에 남는 돈이 없어도 월급이 적으니 어쩔 수 없다고만 생각했어요. 그런데 시삽이 일러준 대로 가계부를 써보고, 줄일 수 있는 부분을 찾아봤더니 펀드에 가입하고도 남을 만큼의 돈이 나오는 겁니다. 카페에 들어가서 사람들이 펀드에 대해 이야기한 글을 볼 때마다 남의 일이려니 했는데 펀드에 가입한 날 얼마나 뿌듯했는지 몰라요. 집에 있다가 배가 고프면 밥하기 귀찮으니까 배달 음식점의 전화번호를 눌렀는데 조금만 부지런을 떨었더니 투자도 할 수 있게 되었지 뭐예요. 신기하기만 해요."

이제 세나 씨는 남자 친구보다 시삽이 있어 든든하다. 낯선 곳에서 운전할 때 네비게이션에 의지하는 것처럼 세나 씨에게 카페의 시삽은 친절한 길잡이다.

세나 씨는 사내에도 장차 모델로 삼고 싶은 멘토를 두고 있다. 매사에 똑 부러지는 성격의 선배인데 재테크의 귀재라 할 만큼 일가견이 있다. 사실 숨겨둔 재능이었는데 세나 씨의 등쌀에 하나 둘씩 이야기를 하면서 사내 유명인사가 되어버렸다.

그 선배는 주식에 펀드, 부동산까지 손을 뻗치지 않은 곳이 없다. 남편이 꽤 잘나가는 사업가여서 투자자금이 넉넉하니 재테크에 대한 관심도 남다른 것이다. 세나 씨가 볼 때 놀라운 점이 한두 가지가 아니다. 먼저 전업주부도 아니고 직장에서 일을 하는데도 모든 것을 남편에게만 맡기지 않는 점이 놀랍기만 하다. 업무 이외에 가사와 육아만 해도 버거울 텐데, 남편이 돈을 잘 벌면 그냥 그것으로 만족하면서 경제적 풍요를 누릴 법도 한데 이 선배는 자산 가치를 더 높이는 데 모든 정열을 쏟아 붓는다.

선배는 무엇보다 발로 뛰는 부지런한 투자를 실천한다. 투자 가치가 있을 것 같은 부동산은 반드시 찾아가 직접 확인하고, 디지털 카메라에 담아 전문가에게 의견을 구하는 노력을 아끼지 않는다.

뿐만 아니라 대단한 결단력도 갖고 있다. '괜찮은' 종목을 찾아 매수 주문을 냈는데 거래하는 증권사의 지점장이 많이 오른 종목이라 부담스럽다고 만류했지만 과감하게 베팅해 10%에 가까운 수익을 내기도 했다. 서울의 마지막 금싸라기라는 동네에 한동안 관심을 가지고 있던 선배는 최근 살던 아파트를 팔아 전세로 옮기고 오피스텔을 매입해 임대사업자로 등록했다.

"선배를 닮고 싶어요. 당장은 종자돈이 없으니까 따라다니면서 같이 투자를 할 수는 없죠. 하지만 정보를 확보하는 비법이나 투자 대상을 평가하는 안목, 그리고 무엇보다 적극적이고 결단력 있게 투자하는 모습이 본받고 싶은 점이에요."

주위를 한번 둘러보자. 친구나 직장 선후배 중 분명 남다른 자산 관리 노하우를 가진 이들을 한두 명쯤 발견할 수 있을 것이다. 직장에서 성공하고 싶을 때나 마음이 넉넉한 사람이 되고 싶을 때 멘토를 정하고 따르는 것처럼 투자에 대한 눈을 뜨게 할 수 있는 멘토를 찾아보자.

그들에게서 투자정보를 얻어도 좋고, 오랜 기간 쌓은 연륜에서 나오는 조언을 얻어도 좋다. 투자에 대한 관념과 태도를 배우는 것도 적지 않은 성과다. 언젠가 그들만큼 훌륭한 투자 성과로 실현하고 말겠다는 다짐으로 먼저 그들의 부자 유전자를 이식하자.

노후를 대비한 상품에도
적극적인 관심을 가져라

헐렁한 티셔츠에 질끈 묶은 머리가 앙증맞아 보이는 김진영 씨는 이제 갓 서른 살로 접어들었지만 또래에 비해 노후 대비에 관심이 지대하다. 그래픽 디자이너로 일하는 진영 씨는 200만 원이 조금 넘는 월수입 중에 50만 원을 연금에 넣고 있지만 은퇴 이후를 생각하면 불안하기만 하다고 털어놓는다.

장밋빛 미래를 설계하기도 바쁠 창창한 나이에 수십 년 후의 일을 걱정하는 데는 그만한 이유가 있다. 십수 년 동안 당뇨병을 앓고 계신 아버지가 최근 합병증까지 겹쳐 입원과 퇴원을 반복하고 계신 것.

중소기업의 간부 자리까지 올랐던 아버지는 적지 않은 연봉을 받았지만 네 자녀의 뒷바라지에 경제력이 없는 부모님까지 챙기느라 충

분한 노후자금을 마련하지 못했다. 거기다 해가 갈수록 병세가 깊어
지니 약값을 대는 것도 허덕일 지경이다.

보수적이고 완고한 성격에 보험 설계사를 모두 사기꾼으로 몰아
부치며 변변한 보험 하나 들지 않은 아버지가 이제 원망스럽기까지
하다. 아버지의 모습에서 진영 씨가 얻은 것은 크게 두 가지다. 한 살
이라도 젊을 때 은퇴 이후의 삶을 준비해야 한다는 깨달음과 절대 아
버지와 같은 우울한 노후를 보내지는 않겠다는 다짐이다.

 ● ● ● 국민연금만 믿었다간 큰 코 다친다

진영 씨는 평균 수명까지 산다고 가정하고 노후생활을 상상해보았다.
일단 복잡한 도심에서 벗어나고 싶다. 수도권에 전원주택을 마련하
고, 텃밭에는 채소와 꽃나무를 가꾸고 싶다. 두 달에 한 번쯤은 연극
이나 전시회를 보러 다니며 문화생활도 즐기고, 한 해 걸러 한 번쯤은
해외로 나가 인류가 남긴 유산과 국경 넘어 다른 지역의 문화도 느끼
며 살면 좋을 것 같다. 건강한 노후를 보내려면 운동은 필수! 하지만
돈 드는 운동을 할 필요 없이 조깅과 가벼운 등산으로 체력을 기르면
되지 싶다.

이것저것 떠오르는 생각들이 많지만 무엇보다 마음이 쓰이는 것은
의료비다. 평균 수명이 높아지는 것과 건강한 삶은 별개의 문제이기
때문이다. 각종 암을 비롯해 고가의 치료비가 드는 병에 덜컥 걸리기

라도 하면 가세가 기우는 것은 한순간이다. 가족 전체가 고달프게 살아야 한다고 생각하면 더 아찔해진다.

"신문에 보도된 것을 보니까 중산층 수준의 노후를 보내려면 5억 원에 가까운 자금이 필요하다고 하더군요. 물가 변동 등 여러 가지를 상황을 따져보았더니, 현재 물가를 기준으로 할 때 한 달에 최소한 200만 원은 있어야 노후에 풍족한 생활을 할 수 있겠다 싶었어요."

준비되지 않은 자에게 장수는 축복이 아니라 재앙이 될 수도 있겠다는 생각에 진영 씨는 미용실과 화장품 가게에 바치는 돈을 줄이기로 결심했다. 가뜩이나 늘어나는 수명과 반대로 경제활동 연령이 짧아지고 있지 않은가.

진영 씨의 생각처럼 은퇴 이후 중산층 정도의 생활수준을 유지하려 해도 적지 않은 비용이 필요하다. 국민연금 아니면 국가가 노후를 지켜줄 것이라는 생각은 너무나 순진한 발상이다.

노후를 공적연금에만 의존할 수 없는 것은 선진국도 마찬가지다. 복지의 천국이라고 알려진 스웨덴도 더 이상 국가가 개인의 노후를 책임지지 못하게 되자, 개인연금 상품이 불티나게 팔리고 있다. 독일도 사정은 비슷하다. 독일은 지난 2004년 연금 수령 연령을 63세에서 65세로 높인 데 이어 2006년 다시 67세로 늦췄다. 저출산과 고령화 때문에 연금으로 거둬들이는 돈은 점점 줄어드는데 지급해야 할 돈은 늘어나는 실정이라 국가도 버거운 것이다. 또 지금 연금을 받는 노인들은 퇴직 당시 급여의 65%가량을 연금으로 받지만, 앞으로 지금의 20대 젊은이들의 경우에는 50%도 받기 힘들 전망이다.

은퇴 비용 어떻게 따져볼까

경제활동을 시작하면 결혼 준비에 내집 마련, 자녀 출산과 양육, 자녀 결혼 자금 마련까지 해야 할 일이 산 넘어 산이지만, 숙제를 다 끝낸 다음에는 노후를 준비할 여유가 없다. 첫 월급을 받은 날 은퇴 비용을 계산하고 차근차근 준비해야 한다.

은퇴 설계는 대략적인 은퇴 시점을 정하는 것이 첫번째 순서다. 은퇴 시점은 다니는 직장에서 퇴직하는 시점과는 의미가 다르다. 직장을 다니든 그렇지 않든 경제적 활동을 접는 시점을 은퇴 시기로 봐야 한다. 그리고 평균 수명을 근거로 예상한 자신의 사망 시점까지를 은퇴기간으로 잡는다.

은퇴 이후의 삶은 크게 두 부분으로 나누어 생각해야 한다. 남녀 평균 수명이 평균적으로 10년 가까이 차이 나기 때문에 노후 삶은 부부가 함께 생존하는 기간과, 남편이 세상을 떠난 후 부인 홀로 생활해야 하는 기간으로 나뉘게 된다. 두 기간의 생활비에는 차이가 날 수밖에 없다.

또 한 가지 무게를 둬야 할 부분이 의료비다. 특히 암과 같이 고가의 치료비가 요구되는 질병에 걸릴 경우, 의료비는 노후 생활비에서 큰 부분을 차지할 수 있다. 따라서 30대와 40대를 지나면서 자신과 배우자의 건강 상태를 살펴 은퇴 비용을 조정하는 과정이 필요하다.

이 밖에 은퇴 이후 어떤 생활을 원하는가에 따라서도 은퇴 비용은 달라진다. 도시 생활을 지속하고 싶을 때의 은퇴 비용은 농촌에서의 생활을 계획할 때보다 높게 잡아야 한다. 또 기본적인 생활에 만족할 것인지 관광이나 취미생활을 즐기면서 풍요로운 노후를 보내고 싶은지에 따라서도 비용은 크게 달라질 수 있다.

은퇴 이후 삶의 큰 그림을 잡은 후에는 구체적인 비용을 계산, 노후 자금 마련을 본격적으로 시작해야 한다. 은퇴 비용은 생활 수준에 따라 다소 차이가 있지만 통상 현 시점에서 필요한 생활비의 70% 내외로 책정한다. 월 생활비를 은퇴 시점부터 사망 시점까지의 기간으로 곱한 값이 대략적인 비용이며, 여기에 물가상승률을 적용해야 더 정확한 비용을 계산할 수 있다.

수십 년 후의 물가상승률을 정확하게 예측하기란 불가능하다. 다만 한국은행이나 민간 경제연구소에서 제시하는 향후 경제성장률 전망치를 감안, 과거 고성장 시기의 물가상승률에 못 미치는 수준으로 예측한 수치를 적용한다. 은퇴 이후 필요한 생활비를 산출하고 나면 이를 마련하기 위한 기대수익률과 지금부터 매달 저축 또는 투자해야 금액을 짐작할 수 있다. 이때 기대수익률에 따라 종잣돈을 운용할 자산을 결정해야 한다. 가령, 연 수익률 10%를 목표로 할 때와 15%의 기대수익률을 가질 때 주식과 채권의 비중은 달라질 수밖에 없다.

 ● ● ● 다양한 노후 대비 상품에 눈을 떠라

"우선 연금 상품 하나쯤은 가입해야겠다는 생각이 들었어요. 그래서 외국계 한 보험사의 연금저축보험에 가입하기로 결정했어요. 노후에 연금도 받을 수 있고, 보험 기능도 있어 마음에 들더군요. 연금을 붓는 동안에는 연말에 소득공제도 받을 수 있어요.”

노후 대비 상품은 은행의 '연금신탁'과 보험사에서 취급하는 '연금보험', 자산운용사에서 판매하는 '연금 펀드' 등 크게 세 가지로 나뉜다. 그리고 연말 소득공제 혜택 유무에 따라 적격 상품과 비적격 상품으로 구분된다. 진영 씨가 가입한 상품처럼 소득공제 혜택이 있는 것이 적격 상품이다. 운용 실적에 따라 연금 수령액이 달라지는 변액연금은 비적격 상품에 해당한다.

적격 상품은 납입기간에 연 300만 원까지 소득공제를 받을 수 있다. 하지만 연금을 받을 때 5.5%의 연금소득세를 내야 한다. 반면, 비적격 상품은 소득공제 혜택이 없는 대신에 10년 이상 유지할 때 이자소득에 대해 비과세 혜택이 주어진다. 따라서 당장의 소득공제 혜택에만 관심을 둘 것이 아니라 경제력이 없는 노후에 연금에서 빠져나갈 소득세 부담이 얼마나 클 것인가도 헤아려봐야 한다. 또 적격 상품의 경우, 중도에 해지하거나 연금을 일시에 수령할 때 22%의 세금을 내야하기 때문에 납입기간과 수령 방법을 미리 생각해 선택해야 한다.

“연금 펀드에 가입할까 생각도 해봤어요. 그런데 당장은 주식시장이 활황이라 고수익을 낼 것 같은 기분이 들지만 장기 전망은 정확하게 예상할 수가 없잖아요. 원금이 보장되지도 않는 상품인데 원금을 까먹기라도 하면 어떡해요. 최저 금리와 원금도 보장되고 채권 수익

노후 대비 상품 비교표

구 분	변액연금(변액 유니버셜)	연금 펀드	적격 연금보험
세제혜택	10년 이상 계약 시 비과세	비과세 혜택 없음	소득공제액의 5%
소득공제	없음	없음	300만 원 한도 연간불입액 100% 소득공제
원금보장	만기 시 보장	비보장	보장

률만큼 혜택을 볼 수 있는 정도에서 만족하자고 생각했죠."

진영 씨의 말처럼 연금저축보험에 가입하면 안정성을 확보할 수 있지만 수익률은 크게 기대하기 힘들다. 채권 비중이 90% 내외에 달하기 때문이다.

반면, 변액연금이나 변액 유니버셜 보험 그리고 연금 펀드는 운용 실적에 따라 향후 수령 금액이 달라진다는 점에서 비슷한 것 같지만 차이점도 크다. 우선 두 가지 '변액' 상품은 운용에서 손실이 나더라도 만기 시점에는 원금이 보장된다. 또 10년 이상 유지할 때 비과세 혜택도 받을 수 있다. 반면, 연금 펀드는 손실이 발생할 경우에 모든 책임이 투자자에게 있다. 또 비과세 혜택도 받을 수 없다.

진영 씨는 우선 매월 30만 원씩 연금저축보험에 불입하고, 여유가 생기는 대로 실적배당 상품에 가입할 생각이다.

또 노후에 전원주택으로 거처를 옮긴 후에는 적당한 때에 역모기지를 활용할 생각이다. 역모기지란 주택을 담보로 금융 기관에서 일정 기간에 일정 금액을 연금 형태로 지급 받는 장기주택저당대출이다. 자가 주택은 보유하고 있으나 일정한 수입이 없는 노인이 집을 담보로 사망할 때까지 노후생활 자금을 지급 받는 제도다.

　미국과 영국, 프랑스 등 선진국에서는 이미 오래전에 정착되었고, 국내에도 1995년부터 일부 금융 기관이 상품을 판매하기 시작했다. 그러나 우리나라에서는 일반인에게 역모기지의 개념이 충분히 알려지지 않은 데다 달리 자식에게 물려줄 유산도 없는데 집 한 채는 남겨 줘야 한다는 사회적 인식 때문에 활성화될지 여부는 미지수다.

 ● ● ● 　'인생 이모작'으로 활기찬 노후 대비

진영 씨와 같이 제도적인 장치를 통해 노후를 대비하는 한편 인생 이모작을 통해 노후를 대비하는 사람도 늘고 있다.

　유명 어학원에서 대학생과 직장인에게 토익 시험 준비 강의를 하는 김효진 씨는 노후를 대비하려고 무리하게 허리띠를 졸라매지는 않기로 했다. 대신 돈을 버는 기간을 최대한 늘리기로 했다.

　"크게 두 가지 방법밖에 없지 않겠어요? 돈 벌 때 한 밑천 떼어서 노후 자금으로 묻어두든가 아니면 늙어서도 일을 하면 되죠. 두 가지 중에 후자를 택했어요. 첫번째 방법은 젊었을 때나 나이 들어서나 돈에 압박을 받으면서 살아야 하는데 그러긴 싫거든요."

　젊은 나이에 '화려한 삶'을 포기하면서 저축한 돈을 노후에 까먹으며 살 것이 아니라, 나이에 상관없이 활발하게 경제 활동을 할 수 있는 일을 찾아 인생 제2의 전성기를 누리며 살자는 것이 효진 씨의 생각이다.

물론 금융 상품에 의존해 자산을 모으고 굴리는 것도 중요한 부분이다. 하지만 금융 자산만으로 불안할 바에는 자신에게 투자해 수입을 창출하는 엔진을 계발하는 것이 더 안전하다는 판단을 내린 것.

"전공을 살려서 영어 공부를 더 하고, 틈틈이 번역 일을 구해서 '투잡스'를 하려고요. 그리고 직장을 그만두게 되면 번역을 본업으로 할 생각이에요. 영어 강사로서의 유명세를 살려 번역 일을 시작한다면 번역 분야에서도 이름을 금세 알릴 수 있을 거라고 믿어요."

흔히 현대인의 재테크 사이클을 '30-30-30'으로 표현한다. 대체로 서른 살까지는 배우고, 다음 30년 동안 본격적으로 경제활동을 한 후 나머지 30년 내외를 노후로 보낸다는 뜻이다.

따라서 두번째 30년은 경제적으로 독립해 자산을 늘리는 동시에 노후까지 대비해야 하는 시기다. 하지만 퇴직 연령이 낮아지면서 60세까지 직장에 남는 것은 현실적으로 어려워졌다. 벌어서 노후를 준비할 수 있는 시간이 줄어들었고, 이 때문에 '오래 사는 리스크'라는 말이 등장한 것이다.

평균 수명 연장이 리스크가 된 시대에 노후 대비를 시작하는 적령기란 없다. 금융 상품이든 인생 이모작이든 빠를수록 좋다.

대수롭지 않게 여긴 단점이
자산 형성에 독이 된다

투자 상품이 점점 복잡, 다양해지고 있어 전문가의 도움을 구하는 투자자들이 늘고 있다. 이른바 '재테크 주치의'를 두는 것. 은행 PB나 자산 운용사의 펀드 매니저, 온라인 무대에서 활동하는 고수들, 투자 관련 서적을 낸 저자에 이르기까지 사람들이 선호하는 주치의도 다양하다.

인기리에 방영중인 오락 프로그램의 방송작가인 박두영 씨도 예외는 아니다. 자신의 투자 판단에 앞서 조언을 구할 수 있는 자신만의 주치의를 두고 있다. 그런데 그 주치의가 예사롭지 않아 문제다.

두영 씨의 재테크 주치의는 4년 넘게 알고 지내는 인천의 한 점쟁이다. 두영 씨가 절대적으로 믿고 의지하는 이 재테크 주치의는 두영 씨의 자산과 소득 현황을 훤하게 꿰고 앉아 전 재산을 관리하고 있다고 해도 과언이 아니다. 주식을 살 때나 펀드에 가입할 때, 보유중인 주식의 손절매나 이익 실현을 결정할 때도 두영 씨가 의견을 구하는 사람은 다름 아닌 이 점쟁이다.

얼마 전에도 문제의 주치의가 추천한 대로 200만 원 가까이 투자한 종목이 내리막길만 타고 있어 30분 넘게 전화기를 붙들고 상담했다.

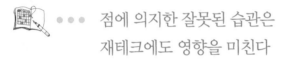

점에 의지한 잘못된 습관은
재테크에도 영향을 미친다

두영 씨가 점집을 드나들기 시작한 것은 10년째로 접어들었다. 친구들과 재미로 사주 카페를 찾기 시작한 것이 이제 발길을 끊기 힘들 정도로 빠져버렸다. 사주 카페부터 신내림을 받았다는 무속인까지 두영 씨가 찾아다닌 점집은 셀 수 없을 정도다.

물론 처음부터 재테크 상담을 받으려고 점집을 찾은 것은 아니었다. 연말 연초에 새해 토정비결을 알아보는 것부터 시작해서 원하는 회사에 취업을 할 수 있을지, 접근해오는 남자가 있는데 결혼을 전제로 교제해도 좋을지 등등 뭔가 불확실한 일에 부딪히거나 어느 쪽이든 판단을 내려야 하는 순간마다 두영 씨는 습관처럼 점집을 찾았다. 그러던 어느 날, 점쟁이에게 부자로 살 운을 타고났는지를 물었는데, 그것이 자연스럽게 어디에 투자해야 돈을 벌 수 있는지의 문제로 이어졌고, 이것이 '특별한' 재테크 주치의를 두게 된 사연이 되었다.

두영 씨와 같이 조언을 구하는 투자자가 적지 않은 탓인지, 아니면 점쟁이도 주식 투자를 하는 것인지 점쟁이가 풀어내는 이야기는 제법 그럴 듯했다. 가령, "아가씨는 매사에 좋은 결과가 빨리 얻어지기보다 공을 많이 들여서 천천히 얻을 운이야. 테마주보다는 가치주를 사야 해."라든가, "태생이 우유부단하고 결단력이 약하니 직접 투자보다 펀드에 가입해서 간접 투자를 하는 게 낫겠어. 요즘 친디아 펀드 좋잖아."라는 식이었다.

이처럼 그럴싸한 점쟁이의 말에 현혹되어 점집 찾아드는 횟수가 점점 늘게 된 두영 씨의 점 중독증은 심각한 지경까지 다다랐다. 방송사에서 작가로 일하며 나름대로 지적이고 현명하며 도전적이라는 인상을 물씬 풍기는 두영 씨지만, 실생활에서는 무속신앙의 도움 없이는 아무것도 결정하지 못하는 지경이 되어버렸다.

입사 초 박봉에 시달린 경험도 있는 터라 알뜰함이 몸에 배었지만 적게는 5만 원, 많게는 10만 원을 웃도는 복채가 아깝다는 생각은 한 번도 하지 않았다. 이번에 투자하면 크게 한몫 잡겠다는 말이라도 듣는 날이면 세상을 다 얻은 것 같은 기분에 젖었다. 오히려 증권사 투자 상담사나 애널리스트의 투자 의견보다 점쟁이의 말 한 마디가 더 미더웠다.

평소 운명론적 사고관을 갖고 있는 두영 씨는 올해로 서른을 넘기고 따로 만나는 사람도 없지만, 소개팅이나 맞선이라면 질색 팔색을 한다. 언젠가 하늘이 정해준 인연을 만날 것이라는 기대에서다. 이런 성격 탓인지 재테크에서도 정해진 '운'이 있다는 것을 맹신하고 있다.

"백만장자가 되는 사람들은 손금이나 관상, 사주에 남다른 재운을 타고난다고 하잖아요. 투자도 자기 운 때와 맞게 해야 좋은 결과가 나타나지 않을까요."

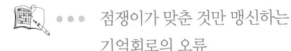

점쟁이가 맞춘 것만 맹신하는 기억회로의 오류

그렇다면 두영 씨의 재테크 주치의의 소위 '찍기' 실력은 어떠할까?

두영 씨는 올해로 방송작가 생활 6년째로 접어들었다. 평소 백화점에서 옷 한 벌 마음 편하게 사지 못하며 알뜰살뜰 생활했지만 그 연봉에, 그만큼의 절약 습관에 비하면 모은 돈은 매우 보잘것없다.

그나마 입사 초부터 붓기 시작한 정기적금이 온전하게 남아 있을 뿐, 투자를 하겠다고 나설 때마다 번번이 손해만 봤기 때문이다. 제대로 된 정보나 전문가의 조언 없이 점쟁이의 말만 믿고 투기를 일삼았으니 좋은 결과를 얻었을 턱이 없다. 그런데도 점쟁이에 대한 맹신은 여전하다.

"이 역술가는 보통 점쟁이가 아니라 인간문화재래요. 등록증도 직접 확인했어요. 그래서 그런지 사주와 맞는 종목을 찾는 게 여간 미덥지 않아요. 글쎄 다섯 가지 사주 가운데 네 가지는 다 갖고 있는데 금金이 없대요. 그래서 금과 관련된 업종에 투자해야 된다는데 일리가 있잖아요. 그래서 철강주를 하나 골라 500만 원을 투자했는데 20만 원 넘게 수익을 올렸어요."

이렇게 잘 맞으니 어떻게 믿지 않을 수 있냐는 얘기인데, 정작 그 점쟁이를 믿고 샀다가 낭패를 본 ○○건설과 ○○은행 주식에 대해서는 기억이 없는 모양이다.

상식적으로 점에 의존한 투자가 얼마나 위험천만한 일인지는 두말할 필요도 없다. 하지만 중요한 투자결정을 내리기에 앞서 점집을 찾는 것은 비단 두영 씨뿐만이 아니다. 특히 부동산 거래를 할 때면 평소 미신을 멀리하던 사람들조차도 통과의례처럼 방향이 맞는지, 이사 길일이 언제인지 그리고 사두면 오를 것인지 등에 대해 점을 본다.

부동산이든 주식이든 투자해서 돈을 번 사람들은 특별한 운을 타고난 사람들이 아니다. 그들은 틈날 때마다 발품을 팔아가며 투자할 지역을 답사하고, 흘려버리기 쉬운 통계 수치 하나도 버리지 않고 주식에 접목하는 노력과 열정으로 원하는 결과를 얻는다.

두영 씨와 같이 자칭 타칭 '지성인' 이라는 사람들조차 부지불식간에 점에 빠져드는 것은 건전한 투자 문화를 저해할 뿐 아니라 국가적인 부의 낭비다. 매사에 합리적인 판단을 지향하면서도 점을 보는 일에 대해서는 '전통' 이라는 핑계를 붙여 관대하게 넘기지는 않는지 스스로 생각해볼 일이다.

두영 씨와 같이 평소 가지고 있던 잘못된 의사결정 방식이나 성격이 재테크에서도 여과 없이 드러나는 경우가 적지 않다. 매사에 소극적이고 소심한 사람이 종자돈을 공격적으로 굴리기란 생각하기 힘들다. 게으르고 덤벙대기 일쑤인 사람이 치밀하게 투자 정보를 모으고, 귀동냥과 발품을 동원해 최선의 투자처를 찾기 위해 노력할 가능성은 그리 높지 않다. 돈이 걸린 문제인 만큼 재테크에 관한 한 자신의 단점을 최대한 떨쳐버릴 것이라고 생각할 수도 있지만, 부지불식간에 평소 생활에서와 같은 실수와 사고방식을 되풀이하게 된다.

 ••• 성격은 재테크에도 영향을 미친다

학원 강사인 정양진 씨(33세)도 재테크를 하는 과정에 자신의 단점을 더욱 절실하게 느끼고, 최근에는 개선하기 위해 고군분투하는 사례다.

　과외 교사로 일하다가 3년 가까이 학원 강사로 일하고 있는 양진 씨는 젊은 강사들 중에는 잘나가는 편에 속해 상당히 높은 연봉을 올리고 있다. 하지만 학원 강사의 가장 큰 단점인 '수명'이 짧다는 점 때문에 노후 대비를 위해 최근에는 월급의 80%를 펀드에 투자하고 있다. 그런데 양진 씨가 가입한 펀드가 수상하다. ○○○차이나펀드와 ○○솔로몬차이나, ○○○○차이나포커스 그리고 ○○디스차이나 등으로 온통 '차이나' 일색이다. 나름대로 분산 투자했다고 하지만, 자신의 투자 성향에 대한 고려는 일절 보이지 않으며, 투자 자산의 분산에도 신경 쓴 흔적이라고는 없다. 월급의 절반 이상을 펀드에만, 그것도 특정 지역에 '올인'을 한 셈이다.

　이런 결과가 나온 이유는 간단하다. 남들이 좋다고 하는 펀드에 아무 생각 없이 가입했기 때문이다. 심지어 주위 사람들이 그 펀드가 좋다고 하는 이유가 무엇인지도 따져보지 않았다. 과거 수익률이 얼마나 되는지, 같은 중국 펀드라고 해도 투자 지역이나 투자 자산이 어떻게 차별화되어 있는지에 대해서는 처음부터 관심 밖이었다.

자신의 성격을 파악하고 문제가 되는 단점은 미리 막는다

자신의 포트폴리오에 뭔가 문제가 있다고 생각한 양진 씨는 원인을 곰곰이 생각해보았다. 그리고 기형적인 형태의 재테크를 초래한 근본적인 이유가 개인의 성격에 있으며, 생각해보니 그 단점은 학창 시절부터 자신에게 내재되어 있다는 사실을 깨닫게 되었다.

"왠지 많은 사람들 편에 설 때 마음이 편해요. 어렸을 때부터 그랬던 것 같아요. 개성시대라는 말이 유행이었을 때도 뭐든 혼자 도드라지는 것보다 다수의 사람들과 동질성을 갖는 것이 훨씬 좋았어요."

초등학교 때 크레파스와 지우개를 살 때나 고등학교 때 청바지를 고를 때조차 친구들이 어떤 물건을 사는지 먼저 살폈다. 정작 자신이 원하는 것이 무엇인지는 생각조차 하지 않았다. 심지어 대학 때 강의 시간표를 짤 때나 복수전공을 선택할 때도 앞으로의 진로나 목표에 대한 고민 없이 친구들을 따라갔다. 시험기간이면 친구에게 먼저 전화를 걸어 학교 도서관에 갈 것인지 물어보고, 친구가 간다고 하면 그

제야 가방을 챙겼다.

사소한 일부터 매우 중요한 문제까지 뚜렷한 주관 없이 결정하던 습성이 재테크에도 고스란히 녹아들었고, 투자 가능한 자금을 모조리 중국 증시에 쏟아 붓는 일을 저지르고 말았다.

"사실 무턱대고 남들을 따라하는 성향이 강하다는 사실을 미처 인식하지 못했어요. 또 정도의 차이는 있겠지만 다른 사람들도 마찬가지일 것이라고 생각했죠. 그런데 포트폴리오를 보면서 그런 점이 얼마나 심각한 단점인지를 절실히 느끼게 되더군요. 정체성도 없고, 어떤 사안에 대한 주관도 없는 사람이라는 생각에 한동안 심하게 혼란을 겪었어요."

더 늦기 전에 지나치게 의존적인 성격을 바로잡기 위해 양진 씨는 일기를 쓰기 시작했다. 주위 일들이나 사회적인 문제, 그리고 자신의 일과 재테크에 대해서 글을 쓰다 보면 뚜렷한 주관도 갖게 되고 판단력도 생길 것이라는 생각에서다.

자신의 허물을 분명하게 인식하고 고치기란 쉽지 않다. 오히려 단점을 알면서도 스스로 정당화하면서 넘어가기 십상이다. 또 자신의 나쁜 성향이 재테크에도 영향을 미치리라고는 생각하지 못하는 사람들이 적지 않다. 하지만 안이하게 생각할 문제가 아니다. 대수롭지 않게 여기는 단점이 당장의 자산 형성과 노후의 경제적 상황에 치명적인 독이 될 수 있기 때문이다.

4

안전하게 돈 버는
금융 투자 전략

간접 투자, 적립식 펀드 1호를 노려라

"지금 다니고 있는 광고 회사에 입사하면서 서른 살이 될 때까지 1억 원을 모으겠다고 결심했어요. 지금도 기억해요. 그 때가 2004년 10월이었죠. 각오가 대단했어요. 처음에는 돈을 모으기 위해 이자율이 높은 은행 적금을 알아보고 다녔는데, 어딜 가봐도 흡족할 만한 이자를 주는 곳은 없었어요. 제2금융권에 특판 예금을 찾아다녀봤는데 높아야 연 5% 안팎으로 주는 수익률을 따져보니, 해보나마나 1억 원은 말 그대로 꿈일 수밖에 없겠더군요."

이제 펀드 전문가가 다 된 펀드 3년차 유정애 씨의 펀드 입문과정도 여느 사람들과 다르지 않았다. '적금 통장을 가지고 돈 불리기가 어렵다'는 것을 깨달은 후부터 정애 씨는 안정적인 적금 통장에 대한 미련을 버렸다.

하지만 펀드를 시작할 때의 불안감 역시 다른 초보자들과 다르지 않았다. 낯선 용어들 앞에 잔뜩 위축되었고, 은행에서 권하는 상품이 정말 믿을 만한 건지도 아리송했다. 아무리 전문가에게 맡기는 것이라고 하지만 그래도 내 돈을 맡기는 것인데 허술해서는 안 되겠다는 생각에 정애 씨는 기본적인 용어부터 공부하기 시작했다. 각종 수수료와 수익률, 환헤지換hedge 방법, 운용보고서 보는 법까지 펀드에 대한 기본기를 다지고 났더니 근본적인 투자방법은 같았지만 마음이 편해지고 자신감도 붙었다.

"펀드에 가입한 사람들 중에서도 모르는 이들이 많을 텐데 펀드에도 기준 가격이 있어요. 주식에 주가가 있는 것과 마찬가지죠. 그러니까 펀드의 기준 가격은 맨 처음 만들어졌을 때 무조건 1,000원인데, 운용을 시작하면 투자수익률에 따라서 기준 가격도 달라져요. 가령 펀드 기준 가격이 1,500원이면 50%의 수익이 난 셈이에요. 참! 평가 금액은 개념이 좀 달라요. 평가 금액이란 건 투자 원금과 수익을 합한 금액을 말하는 거죠."

제법 선수처럼 용어들을 쉽게 설명하는 정애 씨는 이 정도 지식이면 펀드 전문가들이 하는 말도 막힘없이 알아들을 수 있다며 흐뭇한 표정을 지어 보인다. 펀드도 기본적인 배경 지식이 없는 상태에서 매달 꼬박꼬박 적립금만 붓는다면 주식의 '묻지마 투자'와 다를 바가 없다. 전문가가 알아서 운용해주는 것이니 믿고 맡기기만 하면 된다는 생각은 위험하다.

펀드에 가입하는 순간부터 해당 상품에 대한 정보를 바탕으로 판단을 내려야 하고, 투자하는 중간 중간 운용 상태를 점검하는, 이른바 '펀드 케어'도 투자자가 해야 할 일이다. 선취 수수료와 후취 수수료가 무엇인지도 모른 채 펀드에 가입했다가, 환매하는 날 수수료를 떼고 났더니 수익금이 불볕더위에 아이스크림 녹아내리듯 줄어들었다며 억울함을 호소해봐야 소용없는 일이다.

 • • • 1호 펀드를 공략하라

펀드는 수익률만 좋은 게 아니라 적금에 비하여 여러 가지 이점이 있다. 직접 사려면 거액을 들여야 하는 대형 우량주에 소액으로도 투자할 수 있고, 만기가 정해져 있긴 하지만 목표한 수익률에 도달하면 환매도 가능하다.

정애 씨가 처음 가입한 펀드는 3년이 만기였는데 2006년 코스피 지수가 1,400까지 오르는 것을 보고 환매를 결심했다. 넘지 못할 벽으로 버티고 있던 1,000을 넘은 것도 대단한 사건이라고 생각했는데 그 후로도 지수가 계속 오르는 것을 보고, 여기서 더 크게 오르기는 힘들 것이라고 판단했다. 일단 차익을 실현하기로 했다. 환매 수수료를 내야 했지만 수익금에 비하면 크게 부담스러운 것은 아니었다.

"은행 PB나 재무 컨설턴트와 상의를 할 수도 있었지만 그 당시에는 생각이 너무 확고했어요. 또 전문가라는 사람들도 시장을 정확하게 예측하지는 못하잖아요. 지수가 오르면 앞으로 더 오를 것이라 하고, 떨어지면 전망도 약세 일색이잖아요. 환매를 해야 할지 말아야 할지 문의하면, 분명 단기적으로 조정 위험이 있지만 장기간 투자하면 높은 수익률을 올릴 수 있을 것이라는 말을 할 것 같은데 그런 뻔한 얘기를 듣고 싶지는 않았어요. 펀드 투자를 여기서 멈출 생각은 아니었지만 시장이 좀 쉬어갈 거라 본다면 한 번쯤 수익을 확정 짓는 것도 나쁘지 않다고 생각했죠."

환매 후 잠시 휴지기를 갖던 정애 씨가 다시 가입할 펀드를 물색하다 시선이 꽂힌 것은 '1호 펀드'였다.

꼼꼼하게 경제 신문과 온라인 투자 카페를 섭렵하다 대개 운용사들이 각 상품의 1호 펀드에 대해서는 높은 수익률을 올리기 위해 각별한 신경을 쓴다는 내용을 발견한 것. 1호 상품이 좋은 수익률을 내고 투자자로부터 뜨거운 반응을 얻어야 이어서 2호, 3호로 펀드 시리즈를 출시할 수 있기 때문에 1호 펀드를 소위 '밀어주는' 양상을 보인다는 얘기였다.

증권사나 운용사에서 미는 펀드와 그렇지 않은 펀드가 있고, 둘 사이에 적지 않은 수익률 차이가 있다더니 언론에 보도될 정도라면 그런 일이 공공연히 벌어지고 있나보다 싶었다.

"기회를 엿보고 있다가 한 증권사에서 내놓은 주식형 펀드 1호에 가입했는데 3개월에 10%에 가까운 수익률을 내더군요. 처음 가입했던 펀드보다는 턱없이 낮은 수익률이었는데, 펀드 수익률이 부진하다는 기사가 많이 나올 때였기 때문에 그 정도면 성공적이라고 생각했

주요 운용사별 대표 1호 펀드

펀드명	운용사	설정일	순자산액
동양중소형고배당주식1	동양운용	2005. 3. 8.	894억 원
미래에셋디스커버리주식형	미래에셋자산	2001. 7. 6.	1조 4,925억 원
미래에셋인디펜던스주식형1	미래에셋자산	2001. 2. 14.	1조 7,580억 원
삼성당신을위한리서치주식종류형1	삼성운용	2007. 1. 2.	1조 3,575억 원
삼성배당주장기주식1	삼성운용	2005. 5. 10.	1,836억 원
세이고배당주식형	SEI에셋	2002. 4. 2.	1,165억 원
신영마라톤주식(A형)	신영운용	2002. 4. 25.	7,068억 원
KTB마켓스타주식_A	KTB운용	2005. 3. 3.	1조 5,686억 원
한국부자아빠삼성그룹주식1	한국운용	2004. 7. 6.	2,017억 원
한국삼성그룹적립식주식1	한국운용	2006. 5. 16.	3조 5,398억 원
한국밸류10년투자주식1	한국밸류자산	2006. 4. 18.	1조 1,005억 원

* 2007년 10월 1일 현재

어요. 무엇보다 은행 금리보다는 훨씬 높은 수익률이잖아요.”

 ● ● ● 바쁘다면 온라인으로 가입하라

요즘 세상에 안 바쁜 사람이 어디 있을까? 학생, 직장인 할 것 없이
모두가 바쁘다는 말을 입에 달고 산다. 하지만 바쁘다는 핑계로 투자
에 소홀한 것은 부자가 되기로 결심한 사람에게는 용서되지 않는 변
명일 뿐이다.

　IT 벤처 회사에서 일하는 신미주 씨는 금융 상품 정보뿐 아니라 펀
드 가입도 온라인으로 해결한다. 점심 식사도 사무실에서 피자나 햄

버거로 때우기가 일쑤일 정도로 항상 과중한 업무에 시달리는 미주 씨. 한가하게 증권사 영업점을 찾아 상담을 받는 일은 꿈도 꾸기 힘든 일이다.

영업점을 찾는다고 해서 상품 정보를 충분히 얻을 수 있을지도 미지수라는 생각이 자연스럽게 미주 씨를 온라인 공간으로 이끌었다. 주식형과 채권형 펀드부터 각종 테마 펀드에 영화나 선박에 투자하는 이색 펀드, 각 지역별 해외 펀드까지 펀드의 종류가 어디 한두 가지인가. 영업점을 찾더라도 사전 조사를 통해 가입하려는 펀드의 후보군을 최대한 압축하지 않으면 기본적인 정보를 얻는 것부터 최종 결정을 내리기까지 모든 절차를 영업점에서 해결하는 것이 사실상 불가능할 것 같았다.

"포털사이트의 금융 섹션이나 증권사의 온라인 금융 상품몰에 들어가면 입맛에 맞는 펀드를 고를 수 있어요. 펀드 유형이나 투자기간, 운용사와 같은 기본적인 것부터 세제 혜택이나 과거 수익률에 대한 조건을 입력하면 그에 맞는 상품이 걸러져 나와요."

미주 씨의 말처럼 온라인 펀드는 투자자들이 직접 자신의 성향에 맞게 펀드를 설계할 수 있어 편리하다. 일부 증권사는 홈페이지에서 주요 상품에 대한 전문가의 설명을 동영상으로 촬영해 올려놓았기 때문에 상품을 이해하는 측면에서 영업점보다 편리할 수 있다. 온라인 펀드 가입이 매력적인 이유는 수수료 비용이 일반 펀드에 비해 저렴하다는 데 있다.

초기 인터넷 펀드의 경우는 상품의 종류가 인덱스 형으로 제한되어 있어 선택의 폭이 좁다는 단점이 있었지만, 투자자들의 반응이 뜨거워지는 사이에 상품이 점차 다양해진다.

정보화 시대, '시간이 없어서'라는 말은 게으른 투자자에게 변명이 되지 않는다. 자신의 투자 성향 테스트에서 입맛에 맞는 상품 가입까지 온라인에서 해답을 찾아보자.

시간에 투자하는 거북이가 돼라

앞서가는 사람이 성공한다는 세상이지만, 때로는 타고난 느긋한 성격이 성공을 보장해주기도 한다. 때로는 세상의 변화를 빠르게 소화하는 것보다 중심을 지키는 일이 더 중요하다.

느긋하기로 따져 둘째가라면 서럽다는 이연희 씨(29세)는 7년차 직장인이다. 전문대학을 졸업하고 새마을금고에 취업한 연희 씨는 자신의 일을 천직으로 여긴다. 학창 시절 친구들이 4년제 대학교 졸업, 어학연수, 대학원 졸업 등을 치르면서 이제 막 사회에 첫발을 들여놓았거나 이제 직장 생활이 어떤 것인지 깨우치는 중인 데 비하면, 새마을금고의 어엿한 중견 사원인 연희 씨에게서는 제법 노련한 사회인의 자태가 묻어난다.

위로 오빠 둘을 두고 막내로 태어난 연희 씨는 그저 마음씨 좋은 친구고, 동생이며 딸이다. 학창 시절부터 승부 기질이라고는 찾아볼 수가 없었다. 딸이 귀한 집안의 고명딸로 태어나 부모님의 사랑을 독차지했고, 오빠들에게는 연약하고 예쁘기만 한 여동생이었으니 자라면서 부담스러울 만큼 큰 기대를 받거나 어려운 일을 혼자 힘으로 해낸 경험이 거의 없다.

매사에 낙천적이고 느긋한 탓에 학교 다닐 때는 성적도 늘 중하위권을 맴돌았다. 시험공부를 충분히 못하거나 성적이 떨어졌다고 해서 애를 태우거나 속상해하던 기억도 별로 없다. 공부를 잘하는 사촌들이나 그림에 재능을 가진 동네 친구들에게 샘을 낸다면 그건 연희 씨가 아니다. 부모님도 그런 연희 씨를 채근하거나 나무라지 않았다. 두 오빠에게는 무척이나 엄격하고 기대도 남달랐던 부모님이지만 연희 씨를 대할 때는 달랐다. 큰 오빠는 의대에 진학했고, 작은 오빠 역시 소위 명문대에서 경영학을 전공한 후 대기업에 취업했지만 연희 씨에 대한 부모님의 바람은 그런 것이 아니었다. 연희 씨가 다른 형제들에 비해 다소 처진다고 생각하면 안타까울 것도 같은데 그저 공주같이 곱게 자라서 좋은 사람에게 시집갔으면 하는 것이 부모님의 가장 큰 소망이다.

부모님의 사랑 속에 자란 연희 씨는 굳이 독한 구석을 키우거나 애써 무슨 일을 성취하려는 조급함을 가질 이유가 없었다. 학교를 졸업한 후 결혼할 때까지 '얌전한' 일을 하라는 부모님의 권고에 따라 새마을금고에 취업한 연희 씨는 일에서 성공하려는 욕심보다 성실히 그저 하루하루 주어진 일에 성실하게 임한 것이 오늘에 이르렀다.

20대 초반부터 서른을 앞두기까지 줄곧 금융 회사에서 일하고 있지만 재테크에서도 연희 씨는 아등바등하는 법이 없다. 그렇다고 절제 없이 돈을 물 쓰듯 하거나 저축과 담을 쌓고 지낸다는 말이 아니다. 20대 후반의 평범한 여성과 비교할 때 뒤떨어지지 않을 만큼 재테크에 관심도 있고, 정보도 수집한다. 결혼 자금을 대략 5,000만 원으로 잡고, 혼자 힘으로 모으겠다는 나름대로 예쁜 계획도 세우고 있다. 다만, 눈에 불을 켜고 적금에 가입할 때 각 시중 은행과 저축은행의 금리를 다 뽑아놓고 0.1%포인트라도 높은 쪽으로 간다든지, 주식 투자를 할 때 수수료가 0.01%포인트라도 낮은 증권사에다가 계좌를 만드는 등의 유난을 떨지 않는다는 얘기다.

적립식 펀드에 가입하고 나서도 대개의 투자자들은 주가지수가 좀 떨어지면 조바심내면서 환매를 해야 하나 말아야 하나 발을 구르고, 주가가 올라도 더 오를 것인지 여기가 꼭짓점인지 가늠하느라 수선을 떨지만, 연희 씨는 주가가 오를 때나 내릴 때나 태연하기만 하다. 주가가 빠질 때면 저러다 다시 오르겠거니, 오를 때면 그저 수익률이 좀 높아졌으려니 하고 만다. 인터넷에 접속해 펀드 수익률을 확인하는 일도 거의 없다.

"시간이 돈을 번다고 하잖아요. 또 조급해한다고 떨어지는 주가가 오르는 것도 아니잖아요. 그리고 부모님이 늘 그런 말씀을 하셨어요. 돈이 사람을 따라와야지 사람이 돈을 쫓으려고 하면 안 된다고요. 백 번 맞는 말인 것 같아요."

돌이켜보면 이렇게 느긋한 성격이 돈을 모으는 데 긍정적인 영향을 미치기도 했다. 주가지수가 1,200포인트를 넘었다가 조정을 보였을 때 적립식 펀드를 조급하게 환매했더라면 60%에 달하는 수익률을 맛보지 못했을 것이다. 5년 만기 적금을 만기까지 채운 것도 무던하게 기다릴 줄 아는 성격이 한몫했다.

아직 과감하게 베팅을 하거나 남다른 투자기법을 개발한 것은 아니지만, 시간에 투자할 줄 아는 연희 씨의 투자 자세는 가장 큰 장점이며 자산이다. 언젠가 종자돈이 커졌을 때 분명 빛을 발할 것으로 기대된다. 장기 투자가 중요한 것은 재테크에 평균회귀 개념이 작용하기 때문이기도 하다. 미국의 과거 200년간 주가수익률을 조사한 결과 연평균 10%를 웃도는 것으로 나타났다. 단기적으로는 등락과 극심한 변동성을 보이기도 했지만 장기적으로 볼 때 적지 않은 수익률을 기록한 것은 평균회귀의 법칙이 성립하기 때문이다.

이 때문에 주식이나 펀드에 투자할 때 하루하루의 주가 등락에 일희일비하면 좋은 결과를 얻기 힘들다. 더 멀리 보고 인내하는 투자자가 장기적으로 볼 때 더 높은 수익률을 얻는다.

연희 씨는 매사에 무리하게 욕심을 부리지 않는 성격 때문에 과도한 리스크를 피하기도 했다. 연 4%대의 저금리를 한탄하며 대박을 내겠다고 주식에 직접 투자를 했거나 어려운 파생 상품에 덤볐다면 비참한 결과를 떠안았을지도 모를 일이다.

"직장 선배가 투자해보라고 추천해준 것이 있었어요. 하나는 코스닥의 바이오 종목이고, 다른 하나는 주식 워런트 증권ELW이라는 처음 들어본 상품이었어요. 몇 명은 그 선배의 말을 듣고 투자를 했다가 원금을 거의 다 날렸어요. 바이오 종목은 처음 며칠 동안 좀 오른다 싶었는데 '황우석 사태' 때문에 완전히 죽을 쑤었죠. 그리고 사무실의 어떤 친구는 주식 워런트 증권은 뭔지 잘 모르지만 주식보다 더 큰 폭으로 오른다는 말만 믿고 샀는데, 웬걸요, 열흘 만에 원금이 온데간데없이 사라졌대요. 그 친구 말로는 땡볕에 아이스크림 녹아내리듯이 속수무책으로 가격이 떨어졌대요. 돈을 거의 다 잃었으니 기분이 좋을 리 없죠. 믿고 투자했던 사람들이랑 추천을 했던 선배 사이가 나빠져서 한동안 사무실 분위기가 얼음장 같았어요."

지금도 생각하면 아찔하다. 그때 사람들 분위기에 휩쓸려 욕심을 냈더라면 결과가 어땠을지 불 보듯 뻔하다. 달콤한 아이스크림의 유혹에 넘어가 크게 배탈이 날 뻔했다.

그런데 연희 씨는 왜 투자하지 않았던 걸까. 주식 워런트 증권의 리스크가 얼마나 높은지, 문제의 바이오 종목의 주가가 말도 안 될 정도로 고평가되어 있다는 사실을 알았던 것일까?

연희 씨가 그런 전문적인 배경 지식을 가진 것은 아니었다. 주식이나 파생 상품에 대해서는 문외한인 연희 씨다. 단지 잘 알지도 못하면서 대박을 노리는 건 옳지 못하다는 생각을 했을 뿐이었다. 노력하지 않고 공짜 점심을 줄 만큼 세상이 그렇게 호락호락하진 않다는 굳은 신념도 있었다.

그리고 상품에 대한 이론적인 부분을 떠나 무엇보다 자신의 성격이나 투자 성향에 맞지 않는다고 생각하는 상품에 굳이 투자하고 싶은 생각이 들지 않았다.

"설사 그때 투자했던 사람들이 단기간에 대박을 냈다고 해도 후회하지는 않았을 거예요. 하루아침에 일확천금을 얻는 것보다 조금씩 모으고, 조금씩 수익률이 높아져서 나중에 큰 것을 얻는 편이 더 좋아요. 토끼처럼 처음에 무서운 속도를 내다가 중간에 지치거나 자만해서 일을 그르치는 것보다 거북이처럼 느려서 좀 답답하더라도 꾸준히 그리고 끝까지 가는 것이 좋아요."

연희 씨는 소신대로 거북이처럼 느리게, 하지만 꾸준히 저축과 투자를 병행했다. 그리고 올해 말이면 목표했던 결혼 자금 5,000만 원을 달성할 수 있을 것이라는 생각에 들떠 있다.

급하게 먹다가 체할 수 있고, 지나친 것이 모자란 것보다 못할 때도 있다. 부자가 되기 위해서는 높은 수익률을 지향하고 적극적인 투자에 나서야 할 때도 있지만, 절대 무리해서는 안 된다. 지나치게 소극적인 태도도 지양해야 하지만 너무 공격적이어서도 안 된다는 얘기다.

최고의 재테크 비법은 리스크와 안정성을 적절하게 배분할 줄 아는 능력이다. 이런 면에서 안정성만 추구하는 연희 씨를 투자의 '귀재'라고 평가하기는 어렵지만 시간에 투자한다는 자세만큼은 분명 본받아야 할 점이다. 평균회귀라는 개념을 정확하게 알지는 못했던 연희 씨지만 '시간이 돈을 번다'는 믿음을 통해 중요한 재테크 법칙을 실현하고 있기 때문이다.

종자돈은 원금 보장과 이자 상품으로 부풀려라

화려한 싱글에게나 행복한 가정을 꿈꾸는 주부에게나 없어서는 안 되는 것이 종자돈이다. 재테크를 하려고 해도 종자돈 없이는 할 수 없고, 내집 마련도 종자돈 없이 불가능하다. 종자돈을 모으는 방법은 다양하지만 제1의 원칙은 자신의 성향과 맞아야 한다는 점이다. 아무리 값비싸고 고급스러운 의상도 자신의 체형이나 분위기에 어울려야 돋보이는 것처럼 똑같은 종목이나 펀드라 해도 투자 목적이나 성향에 따라 좋은 투자 자산이 될 수도, 그렇지 않을 수도 있다. 투자 성향에 따라 리스크를 감내할 수 있는 정도가 사람마다 다르고 기대하는 수익률도 다르기 때문이다.

고등학교 영어 교사로 일하는 박수원 씨(29세)는 투자 없이 순전히 저축으로만 종자돈을 모았다. 투자의 시대에 모든 투자 자금을 은행에만 묶어두다니 올바른 방법이 아니라고 평가할 수도 있지만, 수원 씨는 두번 세번 생각해봐도 원금이 보장되는 저축 상품이 최선의 재테크다. 금융 상품에 묻은 돈이 늘어나기만 한다면야 더 바랄 것이 없겠지만 원금마저 줄어들 수 있다니 생각만 해도 울렁증에 걸릴 것 같다.

수원 씨가 금융 상품에 가입할 때 가장 먼저 따지는 것은 원금 보장 여부다. 아무리 고수익을 얻을 수 있다고 해도 원금에서 한 푼이라도 손실이 발생할 수 있는 상품은 눈길도 주지 않는다. 원금을 지키는 것도 투자의 중요한 철칙 중 하나인데 수원 씨가 보기에 요즘 투자자들은 이 문제에 대해 너무 안이한 것이 아닌지 걱정스럽기까지 하다.

이러니 주식에 눈길을 둘 리가 만무하다. 국내외 주식형 펀드의 인기몰이가 시들 줄 모르고, 가까운 중국과 인도에서 멀리 유럽과 중동, 심지어 아프리카에 이르기까지 펀드로 세계일주를 한다는 세상이지만, 수원 씨는 펀드에 10원짜리 동전 하나도 넣지 않았다. 가계 금융 자산의 구조에 커다란 변혁의 바람이 일고 있다며 증권업계가 흥분하고 있지만 수원 씨에게는 남의 일일 뿐이다.

"그렇게 위험을 무릅쓰고 높은 수익을 얻는다고 한들 일확천금을 얻는 것도 아니잖아요. 은행 이자보다 얼마나 더 벌겠다고 매일같이 주가 신경 쓰고 이제는 남의 나라 주가 떨어지는 것까지 가슴 졸여야 하나요. 그렇게 자신을 들들 볶으면 부자 되기 전에 병나기 십상이죠. 잘 찾아보면 원금이 보장되면서 금리도 짭짤한 상품이 많아요."

● ● ● 높은 이자 받으려면
제2금융권으로 눈을 돌려라

보수적이고 안정적인 투자 원칙을 고수하는 수원 씨가 애용하는 금융 기관은 다름 아닌 저축은행과 새마을금고이다. 시중 은행이 연 4%대 금리를 줄 때도 저축은행은 6%에 이르는 연이자를 주었고, 특판 예금에 가입하면 더 높은 수익률을 얻을 수도 있다.

"매달 50만 원씩 저축은행 정기예금에 돈을 넣는데 금리가 연 5.9%예요. 나쁘지 않죠. 3년을 다 채우면 2,000만 원 가까이 찾을 수 있어요. 장기주택마련저축도 저축은행이 좋아요. 시중 은행과 비교하면 금리가 1%포인트 내외로 꽤 차이가 나거든요."

실제로 2007년 1월 2일 기준 장기주택마련저축 금리는 주요 시중 은행이 4.6% 내외인 데 비해, 저축은행은 대부분이 5.5% 수준이다. 일부 저축은행의 경우 5.8%의 금리를 제공하기도 한다.

특히 새마을금고는 시중 은행에 비해 이자가 높을 뿐 아니라 세금 우대 혜택이 주어지기 때문에 수원 씨가 늘 가까이하는 금융 기관이다. 시중 은행에서도 틈틈이 연 6% 내외의 금리를 제공하는 특판 예금을 출시했고, 종자돈 규모가 커질 때 수원 씨는 고금리 상품을 찾아 안전하게 투자자금을 굴렸다. 저금리 시대라고 하지만 조금만 부지런을 떨면 원금이 보장되면서 쏠쏠한 이자 수익을 올릴 수 있는 금융 상품을 가까이에서 찾을 수 있었다.

이 외에도 수원 씨가 눈에 불을 켜고 찾는 상품은 복리 예금이다.

복리 상품은 원금뿐 아니라 이자에도 이자가 붙는 것으로 오랜 시간 가입할수록 통장 잔액이 가속도를 내며 빠르게 늘어난다. 복리 상품을 '마술'에 비유하는 것도 이 같은 이유 때문이다.

"지난번 한 저축은행에서 특별 판매한 정기예금이 있었는데 이율이 연 6.0%, 복리로는 6.16%였어요. 은행을 방문해 설명을 들어보니 3년 만기로 가입하면 연 6.5%, 복리로는 7.15%의 확정 금리를 지급하기 때문에 3년간 총수익률이 21.46%에 달한다고 하더군요. 이 정도면 펀드 수익률이 부럽지 않다는 생각이 들었어요."

물론 이런 기회를 잡는 것은 쉽지 않다. 대개 특판 예금은 일정 기간에 한정 판매하기 때문에 평소 금융권에서 흘러나오는 정보에 안테나를 세우고 있어야 한다. 또 시중 은행이나 새마을금고, 지역 농·수협에서 진행하는 상품에 관심을 기울인다면 복리 상품을 쉽게 찾을 수 있다. 보험사도 복리 상품을 판매하지만 은행과 달리 중도에 해지할 경우 원금이 보장되지 않는다는 점에 반드시 유의해야 한다.

"어느 재테크 사이트에서 복리 상품에 대한 정보를 얻고 당장 찾아 나섰죠. 판매하는 은행이 많지 않더군요. 몇 개를 비교하다 새마을금고의 복리 상품에 가입했어요. 이자가 높기도 하고 세금도 농어촌특별세 1.4%만 내면 되니까 여러 모로 유리하다고 판단했죠. 사실 세금 문제에 대해서는 크게 신경을 쓰지 않고 내린 결정이었는데 나중에서야 보니 탁월한 선택이었다는 생각을 하게 되었어요."

비과세나 절세 혜택이 없는 복리 상품은 높은 이율을 온전하게 자기 것으로 챙기기 힘들다. 금리가 높은 만큼 세제 혜택이 없으면 이자

수익을 손에 쥐어 보기도 전에 세금으로 떨어져나갈 수 있다는 것을 명심해야 한다.

 ● ● ● 저축은행, 불안하다면 재무 건전성을 체크

투자자들 중에는 저축은행의 이자가 높다는 것은 인정하지만 시중은 행만큼 신뢰할 수 없다는 고민을 털어놓는 이들이 적지 않다. 아무리 금리가 높다 해도 은행이 부도나버리면 아무 소용이 없다는 얘기다. 환란 때 기라성 같은 대형 은행도 속수무책으로 무너져 내렸는데 저 축은행의 신용도나 건전성을 어떻게 믿을 수 있겠냐며 울며 겨자 먹 기로 4% 안팎의 저금리 상품에 종자돈을 맡긴다.

세무 공무원인 김미현 씨가 저축은행을 이용하는 노하우를 한 번 엿보기로 하자. 공무원이어서일까 아니면 매사에 조심스러운 성격 탓 일까. 재무 관리에서 안정성과 원금 보전을 최대의 철칙으로 여기는 미현 씨. 하지만 매달 꼬박꼬박 들어오는 월급을 잘 관리해 부자가 되 고 싶은 마음은 다른 사람들과 다를 바 없다. 시중 은행보다 조금이라 도 더 높은 이자를 주는 저축은행을 가까이하는 것도 이 때문이다. 저 축은행에 돈을 맡기려니 불안하다며 손을 내젓는 투자자들에게 미현 씨는 말한다.

"저축은행은 신용이나 자산 건전성 측면에서 시중 은행보다 취약한 것이 사실이죠. 그래서 아무데나 돈을 맡기면 위험할 수 있어요. 5,000

만 원까지는 예금자보호법에 의해서 은행이 망해도 원금이 보장된다고 하지만, 정말 최악의 사태가 발생할 경우 원금을 돌려받는 데 상당한 시일이 걸려 유동성이 마비될 수도 있고, 금리도 당초 저축은행에서 주기로 한 만큼 못 받을 수도 있거든요."

미현 씨는 저축은행의 BIS비율을 따져보라고 권한다. BIS비율이란 국제결제은행Bank for International Settlement이 정한 은행의 위험자산 대비 자기자본비율로, 이 수치가 높을수록 안전한 금융 회사라고 할 수 있다. 보통 시중 은행은 이 수치가 8%가 기준이며, 상호저축은행 등은 5%가 안전성을 가늠하는 기준으로 사용된다.

아무리 예금자 보호가 되는 저축은행이라도 BIS 비율을 알아보는 것은 중요하다. 물론 은행이 부실해져서 예금을 지급할 수 없는 상황에 치달으면 5,000만 원까지는 예금보험공사에서 돈을 지급한다. 그런데 미현 씨가 지적한 것처럼 예금보험공사를 통해서 돈을 받으려면 몇 달 동안 기다려야 하는 불편함도 있고 이자도 저축은행에서 원래 제시했던 금리와는 달라서 손해를 볼 수도 있다. 이왕에 안전성을 따질 것이라면, 예금자 보호를 넘어서 은행의 안전성까지 꼼꼼히 살펴보는 것이 현명한 방법이다.

각 저축은행의 BIS비율은 상호저축은행중앙회의 홈페이지(www.fsb.or.kr)를 통해 확인할 수 있다. 여기엔 BIS비율뿐 아니라 각 금융회사의 상품 현황과 금리까지 일목요연하게 정리되어 있어 자세한 정보를 얻을 수 있다. 물론 더욱 자세하게 저축은행의 안전성을 점검하기 위해서는 부실자산 비율이나 당기순이익도 살펴봐야 하는 것이 좋다.

하지만 대개 BIS비율을 확인하는 것만으로도 어지간한 리스크는 피할 수 있다.

또 예금자 보호가 5,000만 원까지는 된다는 점을 이용해 각 저축은행에 분산 예치하면 안정성을 더욱 보장받을 수도 있다.

 ●●● ## 원금이 보장되는 표지어음과 발행어음

원금 보장을 전제로 금융 상품을 찾다보면 선택의 범위가 좁을 수밖에 없다. 하지만 그렇다고 해서 은행의 예적금 이외에 다른 방법이 없는 것은 아니다.

시중 은행 특판 예금이든 저축은행 상품이든 최소한 1년 동안은 자금을 묶어둬야 한다는 사실이 불만스러웠던 최지원 씨(31세). 몇 개월 단위로 종자돈을 굴리고 싶은데 마땅한 상품을 찾기가 쉽지 않았다. 투자 기간에 맞추자고 주식에 손을 댈 수도 없는 노릇이었다.

마음에 쏙 드는 금융 상품을 찾아 평소 즐겨 찾는 인터넷 재테크 카페에 접속한 지원 씨. 카페에서 지원 씨가 알게 된 것은 표지어음과 발행어음이라는 다소 낯선 상품이었다. 어음이라고 하면 어쩐지 리스크가 높다는 생각이 들고 '부도'라는 단어도 연상되어 부정적인 인상을 갖게 마련이다. 하지만 이 상품들은 특판 예금만큼 금리도 높으면서 원금이 보장된다고 하니 지원 씨의 관심을 사기에 충분했다. 뿐만 아니라 투자기간이 짧게는 3개월에서 9개월까지 단기 투자의 선택

폭이 넓어 '바로 이것'이라는 생각이 강하게 꽂혔다.

표지어음은 금융 회사가 일반 기업으로부터 사들인 상업어음을 쪼개거나 묶어서 새롭게 구성한 후 일반 투자자에게 판매하는 상품이다. 실물이 아니라 통장 형태로 거래되며, 원금이 보장된다는 것이 가장 큰 특징이다. 금리는 가입기간에 따라 다른데 1개월 이내인 경우 통상 연 3%선이며, 180일의 경우에는 연 5%대에 이른다.

원금 보장에 높은 이율, 이 정도 조건이면 충분히 매력적인 상품이라고 지원 씨는 판단했다. 물론 여기에도 단점은 있다. 다만 만기 이전 중도 해지가 자유롭지 못하다는 특징이 있지만 운용기간을 짧게 가져갈 수 있는 만큼 만기에 대한 부담이 그리 크게 와 닿지는 않았다.

발행어음은 확정 금리를 지급하면서 예금자 보호를 받을 수 있는 상품으로 은행 정기예금과 비슷하기 때문에 안정성을 위주로 투자하고자 하는 사람에게 적합한 상품이다. 종금사가 취급하는 상품으로 단기 금융 상품 가운데 상대적으로 금리가 높다. 5,000만 원까지 예금자 보호를 받을 수 있고 최저 가입금액은 대개 100만 원이다. CMA나 MMF와 같은 수시입출금식 상품과 달리, 기간이 정해져 있고, 금융 회사가 확정된 기간에 자금을 운용할 수 있어 금리도 정기예금 상품에 비해 높은 장점이 있다. 다만 발행어음은 중도 환매가 가능하지만 중도해지 수수료가 약정 금리의 최대 80%에 달하기 때문에 주의가 필요하다.

"상품 정보를 좀더 찾아보고 증권사에 문의를 해보았는데 표지어음은 최근 들어 발행이 잘 되지 않는다고 하더군요. 발행어음은 꾸준히 나오고 있고요. 상품 조건은 마음에 들었어요. 발행어음 물량을 가장 많이 가진 증권사는 동양종금증권이라는데 만기가 6개월인 상품의 이자가 연 5% 수준이더군요. 2,000만 원 정도 여윳돈을 굴릴 투자처를 찾고 있는데 발행어음에 묻어둘 생각이에요."

바야흐로 투자의 시대라고 하지만 안정성도 수익률만큼이나 중요한 요소이다. 특히나 어느 정도의 종자돈을 마련하는 과정이거나 손실이 발생해서는 안 되는 긴급한 용처가 있는 자금을 굴릴 때는 원금 확보의 중요성이 더 커진다.

저금리 시대라는 이유로 예금 상품이 찬밥 취급을 받고 있지만 리스크를 회피하는 투자자들은 여전히 예금이나 적금을 떠나지 않고 있다. 기대수익이 낮지만 투자 원금을 지키는 것이 재테크의 주요 원칙 중 한 가지라는 점에서는 시대에 뒤떨어지는 투자방법이라고 비판할 수만은 없는 문제다.

하지만 안정성의 의미를 광의적으로 해석한다면 원금 보장과 5% 내외의 이자를 확정적으로 주는 은행권 상품이라고 해서 100% 안전하다고 보기는 힘들다. 장기적으로 보면 물가상승률을 따라잡는 수익률을 올리기는 힘들기 때문이다.

로버트 기요사키는 자신의 저서에서, "지금까지 진정으로 돈을 잃기를 원하는 사람은 단 한 명도 만나지 못했다. 그리고 부자들 중에 단 한 번도 손실을 보지 않은 사람도 보지 못했다. 반면, 가난한 이들 중에는 원금을 까먹은 경험이 없는 이들이 더러 있었다."고 말했다.

더 높은 수익률을 추구할 때 그만큼 리스크가 높아지는 것은 당연한 이치다. 리스크라면 무조건 피하고 보자는 식의 자산 관리는 저금리 시대에 결코 권고할 만한 태도는 아니다. 이보다 적극적으로 리스크를 통제, 관리하기 위한 방안을 찾아야 한다. 은행 이자가 만족스럽지 않지만 원금 손실에 대한 걱정 때문에 울며 겨자 먹기로 종자돈을 묻어둔 이들이라면 더욱 변화가 요구된다. 죽지 않고 천국에 가기를 바랄 수는 없는 일이다.

안정적 투자와 공격적 투자로 분산한다

대개 남성보다 여성에게서 안정적인 투자를 지향하는 경향이 좀더 강하게 나타난다. 물론 신중한 판단은 투자에서 아무리 강조해도 지나치지 않다. 하지만 확신이 있을 때는 적극적으로 베팅할 필요도 있다.

중요한 것은 안정적인 투자와 공격적인 투자를 일정 비율로 나누어 포트폴리오를 분산하는 것이다. 너무 안정적인 것에 치우쳐서도, 무리하게 공격적인 투자만 하는 것도 옳지 않다.

증권사에 다니는 이민화 씨(30세)는 수익률로 따지면 여의도에서 날고 긴다는 펀드 매니저도 따라잡기 힘들 정도다. 이것은 그녀의 공격적인 투자 성향 덕분이었다.

● ● ● 확신이 있으면 과감하게 베팅하라

지난 2005년과 2006년에 걸쳐 민화 씨가 주식 투자로 올린 총수익률은 무려 348.9%에 달한다. 종목은 총 7개. 일반인에게 잘 알려지지 않은 초저가주, 이른바 '잡주'에 투자했는데 고수익으로 이어졌다. 그러나 천문학적인 수익률에 차익은 쥐꼬리다. 수익률만으로 보면 크게 한몫 잡았을 것 같지만 손에 쥔 돈은 83만 원밖에 되지 않는다.

"블루칩은 안정적이긴 하지만 화끈한 수익률을 기대하기는 힘들어요. 반면, 비교적 적은 자금을 유통하면서도 주가 변동이 크게 나타나는 소형주나 코스닥 저가주는 변동성이 커서 위험하지만 반대로 수가가 오를 경우에는 큰 폭으로 상승하기 때문에 고수익을 기대할 수 있어요."

물론 소형주는 대형주처럼 국내외 모든 증권사의 애널리스트와 펀드 매니저의 관심을 받으며 치밀한 분석과 적정 주가 형성이 이루어지는 것은 아니다. 기업에 대한 분석보고서가 충분히 나와 있는 것도 아니다. 주가는 펀더멘털보다 소문에 의해 크게 출렁인다. 그만큼 개인 투자자들이 정보를 얻기 위해 발품을 팔아야 하고, 어렵게 투자 판단을 내려야 한다.

대신 알짜 종목을 고르기만 하면 몸집이 가벼운 소형주의 주가 상승률이 대형주보다 크다는 점에서 커다란 매력을 느낀다는 민화 씨.

"종목명은 가급적 밝히지 않으려고 해요. 워낙 눈에 띄지 않는 종목에 투자하다 보니 이름을 밝히면 사람들이 '그런 종목도 있나' 하는 반응을 보이거나 엉뚱한 사람 취급을 하거든요. 사실 투자를 해서 수익도 올렸지만 불안한 마음도 컸어요. 알려지지 않았으니 유통물량도 작고, 그래서 들어갔다가 물리는 게 아닌가 걱정도 많았죠. 그래서 아주 소액을 투자했더니 수익률은 커도 수익금은 쥐꼬리예요. 크게 지를 걸 그랬죠."

민화 씨는 개별 종목뿐 아니라 펀드도 100억 원 미만의 소형 펀드를 선호한다.

"펀드 평가 업체에서 수익률을 평가해서 정보를 제공하는 상품은 운용 자산이 100억 원 이상인 것이 대부분이에요. 하지만 잘 찾아보면 100억 원이 안 되는 소형 펀드 중에서 수익률이 높은 상품이 있어요. 이런 펀드에 거치식으로 종자돈을 묻어두고 펀드 자산 규모가 크게 증가하면 대형 펀드 부럽지 않은 수익률을 얻을 수 있답니다."

주식 투자 7년차인 최소영 씨 역시 과감하게 베팅하는 투자 성향이 높은 수익률을 거두는 데 결정적인 역할을 했다. 소영 씨는 일상생활 속에서 기대수익률이 높은 주식을 찾아내는 데 탁월한 감각을 지니고 있다. 대표적인 것이 홈쇼핑 주식이다.

지금도 그렇지만 2000년과 2001년, 특히 주부들을 중심으로 홈쇼핑이 선풍적인 인기를 끌었다. 소영 씨는 어머니가 드라마를 마다하고 홈쇼핑에 TV 채널을 고정하는 모습을 보면서, 그리고 자신도 모르는 사이 전화기를 들고 상품을 주문하고 있다는 사실을 인식하면서 사람들이 이렇게 물건을 사들이면 홈쇼핑 주식이 오를 수밖에 없겠다는 판단을 내렸다. 이미 홈쇼핑 주가가 상당 폭 오른 상태였지만 상승 흐름이 상당 기간 이어질 것이라는 확신이 생겼다. 예상은 적중했고 당시 홈쇼핑 주식으로 10% 넘는 투자수익을 올렸다. 최근 소영 씨가 관심을 두는 부분은 교육과 헬스케어다.

고령화 사회에 나이가 들수록 건강에 관심이 많아지는 것은 당연한 현상이라는 것. 또 인간의 평균 수명이 길어지면서 과거 문제가 되지 않았던 질병이 심각한 문제로 대두되고, 이를 치료하기 위한 의약품 개발이 활발해질 것이라는 관측이다.

"평균 수명이 50세 전후였던 시대에는 관절염이라는 병이 일반적이지 않았을 거예요. 관절염은 연령이 높아질수록 연골이 닳아 발생하는데, 발병하기 전에 이미 사람들이 세상을 떠났으니 지금처럼 보편적인 질병이 아니었겠죠. 이런 변화가 앞으로 점점 더 많아지지 않을까요. 환경이나 식습관 문제 때문에 암이나 비만으로 인한 질병도 늘어나잖아요. 헬스케어는 웰빙을 추구하는 사회적인 현상뿐 아니라 의학적인 측면에서도 성장 가능성이 높은 것 같아요."

교육도 마찬가지다. 가뜩이나 교육열 높기로 유명한데 출산율이 낮아지면서 부모들이 자녀를 더 많이 가르치고 싶은 욕구가 점점 높아지고 있다. 수요가 많은 곳에서 기업들이 돈을 벌게 마련이고 시장에서 두각을 나타내는 기업의 주가도 자연스레 오를 것이라고 소영 씨는 장담한다.

홈쇼핑 관련주 투자로 쏠쏠한 재미를 보았던 소영 씨는 헬스케어와 교육 관련 종목에 모두 5,000만 원 가까이 투자했다. 증권 계좌의 잔액이 부족해 일부 신용융자도 동원했다. 주가 상승을 남의 집 잔치

구경하듯 바라만 볼 것이 아니라 먹음직스러운 음식이 잔뜩 차려진 잔칫상에 적극적으로 젓가락을 걸쳐야 한다는 것이 소영 씨의 생각이다.

 ••• 전환 사채로 이자 소득과 시세 차익을 동시에 노린다

평소 일확천금을 거머쥐는 상상에 빠지곤 한다는 김은조 씨. 매주 월요일 저녁이면 로또를 구입하는 은조 씨는 회사 일로 스트레스를 받을 때면 30억 원에 당첨되어 사표를 던지는 날을 꿈꾸며 자신을 달랜다. 30억 원이 생기면 10억 원짜리 아파트를 한 채 사두고 100일 동안 유럽을 일주할 생각이다. 자유롭게 세계를 누비며 여유를 만끽하고, 진귀한 음식도 맛보고, 볼 만하다는 여행지도 빠뜨리지 않고 둘러볼 생각이다. 물론 쇼핑도 빠뜨릴 수 없다. 그런데 일확천금의 호사를 누리고 나면 뭘 해야 할까? 10억 원짜리 아파트를 빼고 나면 남는 돈으로 무엇을 할 수 있을까? 짤막한 단꿈에서 깨어난 은조 씨는 종자돈 2,000만 원을 최대한 늘려 결혼 자금을 마련해야 하는 것이 자신의 현실이라는 사실을 되새긴다.

자그마한 체구와 다소 연약해 보이는 외모와 어울리지 않게 은조 씨는 통 큰 투자자다. 장차 30억 원의 자산가를 꿈꾸고 있으니 웬만한 수익률과 평범한 투자로는 성에 찰 리가 없다. 종자돈을 만들 때부터

은행 예금이나 적금에는 눈길도 주지 않았다.

"연 4% 금리로 언제 돈을 모으겠어요. 연말정산 때 소득공제를 받을 만큼 장기주택마련저축에 불입한 것 외에는 은행에 발길도 하지 않았어요. 우선 목돈이 없었으니까 종자돈을 모으기 위해 펀드에 적립식으로 투자했죠. 펀드도 그나마 안정성을 크게 고려해서 가입한 거예요. 리스크가 좀 있더라도 좀더 과감하게 지르고 화끈하게 수익을 올릴 수 있는 방법을 찾고 싶은 생각이 간절했는데 많이 절제했죠. 그래도 국내 주식형 펀드와 인도 펀드로 재미를 좀 봤어요. 두 가지를 합쳐서 30% 넘는 수익률을 올렸으니까요."

스물아홉 살이 되자 만나는 남자 친구가 결혼하자며 부쩍 조른다. 결혼을 전제로 만나긴 했지만 막상 결혼 이야기가 구체화되자 여러 가지로 혼란스럽다. 아무래도 가장 고민스러운 부분은 결혼 비용이다. 다행히 집은 남자 친구가 전세를 얻을 수 있는 형편이어서 걱정을 덜었는데 신부 쪽에서 준비할 것들도 적지 않다. 예단에 각종 전자제품과 가구들, 필요한 살림살이를 열거해보았더니 한두 가지가 아니다. 거기다 결혼식 전에 피부 관리라도 받으려면 200만 원은 쥐어야 할 것 같다. 부모님에게 도움을 청할 형편도 아니다.

일단 은조 씨는 남자 친구를 설득해 결혼을 1년 뒤로 미루고 남은 기간에 적립식 펀드 투자를 계속하면서 종자돈 2,000만 원으로 최대의 수익률을 올릴 수 있는 방법을 찾았다. 가능한 선에서 최대한 수익률을 높이고 싶은 한편, 결혼 자금이니만큼 원금이 크게 훼손되어서는 곤란했다. 그래서 리스크가 낮은 상품과 높은 상품을 적절하게 분산 투자하는 방법을 선택하기로 했다.

은조 씨가 가장 먼저 찾은 상품은 한 저축은행의 예금 상품이었다. 공격적인 투자 성향을 지닌 은조 씨로서는 의아한 선택이었다.

"이번엔 원금이 훼손되면 곤란하기 때문에 무작정 지를 수가 없었어요. 일정 부분은 기대수익률이 낮더라도 원금이 보장되는 상품에 맡겨야 안심할 수 있을 것 같았죠. 그래서 1,000만 원을 예금 상품에 1년 동안 예치하기로 했어요. 금리가 높은 상품을 물색했는데 그래도 6% 미만이에요."

대신 나머지 1,000만 원은 최악의 경우에 다 날릴 수도 있지만 잘되면 대박이 날 수 있는 가능성에 걸기로 했다. 은조 씨가 택한 것은 S카드사의 전환 사채CB/convertible bond다.

전환 사채는 일정한 조건에 의해 발행회사의 주식으로 전환할 수 있는 권리가 부여된 사채를 말한다. 즉 전환권을 행사해 주식으로 바꾸기 전에는 사채로 확정 금리를 지급하고, 주식으로 전환한 후에는 일반적인 주식 투자에서 기대할 수 있는 차익을 얻을 수 있다. 하지만 둘 중 한 가지를 선택할 수 있을 뿐 동시에 두 가지를 가질 수는 없다.

주식 전환은 전환 사채를 발행할 당시 미리 정해놓은 전환 가격으로 이루어진다. 따라서 전환 가격보다 주식시장에서 거래되는 주가가 높아야 수익을 얻을 수 있다. 가령 전환 가격이 6,500원인 전환 사채를 보유하고 있다면 해당 기업의 주가가 1만 원이어도 주당 6,500원에 주식을 받게 된다. 전환 후 시장 가격에 매도하면 차액만큼 이익이 발생하게 되는 구조이다.

2006년 하반기부터 S카드사의 기업공개IPO(기업의 주식이나 경영 내용의 공개)에 대한 기대가 높아지면서 전환 사채에 대한 투자자들의 관심도 뜨거워졌다. 주식시장에 상장된 후 주가가 오르면 채권 이자뿐 아니라 주식으로 전환해 큰 차익을 볼 수 있다는 점 때문에, 지난 2003년 6월 발행된 이 카드사의 전환 사채는 은조 씨가 매입할 당시 1만 2,700원 선에서 거래되고 있었다. 발행 가격에 비해 27%가량 프리미엄이 형성된 셈이다. 이 카드사의 전환 사채는 상장되지 않을 경우 만기보장수익률이 9%이며, 표면 금리는 2%였다. 반면, 상장되면 만기보장수익률이 5%로 낮아지고 표면 금리는 2%로 유지되는 구조였다. 전환 사채의 만기는 2008년 6월이며, 전환 가격은 4만 3,040원이었다. 당시 전환 사채 만기일 투자자가 얻을 수 있는 만기상환율은 상장할 때와 하지 않을 때 각각 141.832%, 116.543%로 25%가량 차이가 벌어져 있었다.

전환 사채의 가격이 발행가보다 높은 수준이었지만 만기상환율이 프리미엄보다 높았기 때문에 밑지는 장사는 아니었다. 삼성카드가 상장되지 않는다 해도 전환 사채는 10%대의 수익이 보장되는 확정 금리 상품으로 매력을 지니고 있었다.

반면, 카드사가 전환 사채 만기 이전에 상장을 실시할 경우 27%의 프리미엄에 매입한 전환 사채를 만기까지 채권으로 보유하면 손실을 면하기 힘든 상황이었다. 전환 사채 만기 이전에 상장하면 만기보장 수익률이 5.0%로 낮아지며, 이 때의 만기상환율은 116.543%로 떨어진다. 당시 전환 사채가 발행 가격의 127% 수준에서 거래되고 있기 때문에 상장이 이뤄진 상태에서 전환 사채를 만기까지 채권으로 보유하면 손실을 피할 수 없는 구조였다.

"전환 사채의 전환 가격은 4만 3,040원이고, 상장 시 공모가가 전환 가격보다 낮으면 공모가로 주식 전환이 가능한 상품이었죠. 그룹 지배구조 문제 때문에 상장이 어려울 것이라는 관측도 많았지만 장외시장에서는 주가가 꾸준히 오르더군요. 전환 사채 매입 당시 5만 원 내외에서 거래가 이뤄졌어요. 전환 가격에 비해 16%가량 높은 수준이었고, 상장 후 주가가 오르는 쪽에 걸어 1,000만 원을 투자했죠."

은조 씨는 27%의 프리미엄에 매입한 전환 사채를 주식으로 전환할 경우 수익이 발생하는 주가가 얼마인지 따져보았다. 그리고 장외시장에서 거래되는 주가 수준과 비교해 충분히 도전해볼 만한 수준이라고 판단, 투자를 결심했다.

공격적인 투자는 강한 수익률을 안겨줄 수도 있고, 회복하기 힘든 손실을 가져다줄 수도 있다. 높은 수익률을 바란다면 그만한 투자 리스크를 감내할 준비가 되어야 한다. 하지만 막연하게 견딜 수 있으리라 생각하고 덤비는 일은 건전한 투자가 아니다. 은조 씨가 했던 것처럼 발생할 수 있는 모든 시나리오를 설정, 발생 가능한 투자 위험을 꼼꼼하게 따져보는 치밀함이 필요하다. 또 한 가지, 손실이 발생할 때 충격을 상쇄해줄 수 있는 안정적인 상품에 분산 투자하는 것도 잊지 말아야겠다.

프리랜서의 불규칙한 소득은 거치식 투자 상품으로 관리한다

좋아하는 일과 잘하는 일이 일치하기란 쉽지 않다. 그 일로 돈벌이까지 3박자가 맞아떨어지기는 더 힘들다. 그런 면에서 안연주 씨(31세)는 스스로를 행운아라고 믿는다. 대학에 진학할 때 일어일문학과를 선택한 것은 장차 멋진 번역가가 되겠다는 생각에서였다. 4년 동안 일어일문학을 공부하고 졸업을 할 때까지 이 생각에 변함이 없었다. 대학에 다니면서 틈틈이 번역 일을 찾아서 실무를 익혔고 일에 대한 열정도 착실하게 다졌다.

계획대로 졸업 후 약 5년 동안 일본 서적을 번역하며 연주 씨는 번역가로서 제법 잔뼈가 굵었다. 하면 할수록 일도 재미있고 무엇보다 자신의 성격에 제격이라는 확신이 들었다. 프리랜서로 일하기 때문에 비교적 생활이 자유로운 연주 씨는 직장에 묶인 친구들에게 부러움의 대상이다.

하지만 연주 씨는 업무 시간을 자유자재로 조정하면서 안정적인 수익까지 보장되는 생활이 자리를 잡기까지 어려움이 적지 않았다고 털어 놓는다. 가장 큰 문제는 들쭉날쭉한 수입이었다.

"수입이 일정하지 않으니 정기적으로 돈을 넣어야 하는 금융 상품 과는 친해질 수가 없었어요. 평소 투자 상품에 대해서 공부를 하지도 않았고, 아는 것이라고는 은행에 있는 예금이나 적금밖에 없었으니 큰일이다 싶었죠. 한 번은 번역료가 들어와 통장에 목돈이 생겼을 때, 매달 30만 원씩 들어가는 정기적금에 가입한 일이 있었어요. 계획적 으로 저축을 하지 않으니 지출도 통제가 안 되는 거였어요. 어쨌거나 일은 꾸준히 할 테고, 그러면 6개월이든 1년이든 한 번씩 수입이 생기 니까 저축을 한번 해보자고 생각하고 시작했죠."

하지만 목돈을 현명하게 쪼개어 쓰는 일이 생각보다 쉽지는 않았 다. 때로는 원래 계약기간보다 작업기간이 6개월 이상 길어져 1년 동 안 수입이 한 푼도 생기지 않는 일도 있었다. 이럴 때는 벌어놓은 돈 으로 생활비를 충당하기도 빠듯했다. 아쉬웠지만 힘겹게 몇 달을 버 티던 적금 통장을 결국 해약하고 말았다. 그리고는 '정기' 라는 말이 들어가는 금융 상품은 자신과 무관한 것이라고만 여겼다.

이런저런 시행착오 끝에 연주 씨가 생각한 방법은 일부 목돈을 넣 어두고 이자를 챙기는 '거치식' 투자였다. 대개는 매달 몇십만 원씩 적금이나 적립식 펀드에 투자해 종자돈을 마련한 후 거치식 상품을 찾지만 1년에 한두 번씩 목돈이 들어오는 연주 씨는 이를 최대한 활용해보기로 했다.

처음에는 펀드나 주식처럼 원금 손실의 위험을 감내해야 하는 상품에 투자할 용기가 나지 않았다. 매달 꼬박꼬박 월급이 들어오는 생활도 아닌데 1년에 한두 번 발생하는 수입에서 손실이 나버리면 그 타격은 직장인들과 비교할 수 없을 만큼 클 것이라고 생각했다.

인터넷 투자 카페에서 정보를 구하고 친구들에게서 도움을 받아 알아낸 것이 제2금융권의 예금이었다. 매달 일정 금액을 붓는 적금과 달리 목돈을 한 번 맡긴 후 만기에 이자와 원금을 찾을 수 있고, 시중 은행보다 저축은행이나 새마을금고와 같은 제2금융권의 이자가 높다는 말에 연주 씨는 새마을금고를 찾아 거치식 상품에 가입했다. D종금증권사에서 판매하는 발행어음도 연주 씨의 마음을 사로잡은 금융 상품이다. 발행어음은 무엇보다 6개월 이하의 단기로 운용할 수 있으면서 은행 예금 상품보다 높은 금리를 받을 수 있다는 점이 마음에 들었다.

이 상품은 연주 씨가 가입한 D종금증권을 포함한 종합금융증권사들을 통해 가입할 수 있지만 다만 금리가 금융 회사에 따라 조금씩 다르기 때문에 반드시 따져봐야 한다.

금융 상품에 좀더 많은 관심을 기울이고 안정적인 투자 상품에 대한 정보를 모으면서 연주 씨가 알게 된 상품은 ETF(상장지수 펀드)였다. 사실 연주 씨에게 불안정한 수입으로 가장 높은 수익을 올려준 상품은 ETF였다.

"너도나도 펀드에 가입한다고 하는데 한번 해볼까 하는 생각이 들었어요. 주식시장이 앞으로 몇 년 동안 계속 오를 것이라는 얘기에도 귀가 솔깃했고, 채권수익률에 연동하는 이자보다 좀더 높은 수익을 얻고 싶은 욕심도 있었어요."

주식에는 문외한이던 연주 씨는 펀드에 관한 정보를 구하기 시작했다. 관심을 기울이고 보니 고수익을 올렸다는 펀드에 관한 기사가 매일같이 쏟아졌다. 펀드 기사를 검색하면 ETF라는 낯선 이름의 상품이 종종 함께 걸려져 나오는데 궁금하던 차에 뭘까 하고 무심코 내용을 살펴본 것이 투자를 결심한 계기가 되었다. 펀드에 비해 수수료 비용이 저렴하다는 점이 눈길을 끌었고, 개별 종목에 비해 안정적이면서 시장이 오르는 만큼 수익을 낼 수 있다는 사실도 마음에 들었다.

"재테크에 관심을 갖기 시작하면서 1년에 5% 정도 되는 수익을 얻겠다고 은행에 돈을 묶어두는 것이 어리석다는 것을 깨달았어요. 그렇다고 주식에 손을 대자니 주식에 대해서 아는 것이 너무 부족하고, 투자 위험을 견딜 자신도 없었어요."

ETF는 개별 종목에 비해 변동성이 작으면서 위험을 분산할 수 있다. ETF는 블루칩 중심의 주식시장 전체 또는 특정 업종에 투자하는 것과 똑같은 효과를 내므로 소액투자를 통해 위험분산 효과를 거둘 수 있다. 그리고 개별주식을 팔 때는 증권거래세가 부과되지만 ETF에는 거래세가 없다는 점도 장점이다. 또 실시간으로 거래되기 때문에 기준가격이 펀드 매입 시점의 지수와 일치하지 않는 펀드와 달리 언제든지 원하는 가격으로 사고팔 수 있다.

어느 정도 안정적인 자본을 확보하게 된 연주 씨는 2006년 초 코스피200 지수를 따르는 KODEX200에 약 600만 원을 투자해 한 해 동안 50%에 달하는 수익률을 올릴 수 있었다.

통제가 불가능하다고 생각했던 자신의 수입으로 이만큼의 투자 수익을 냈다는 사실이 믿기지 않는다는 연주 씨. 뜻이 있는 곳에 길이 있다는 말처럼 하고자 하는 의지가 확고하다면 투자의 세계에서도 길을 헤쳐 나갈 수 있다.

••• 저축 계획은 평균 소득을 산출해 세워라

프리랜서뿐만 아니라 직장인도 경우에 따라 수입이 불규칙할 수 있다. 회사 사정에 따라 예고 없이 월급이 몇 달씩 밀리기도 하고, 월급에서 기본급보다 성과급의 비중이 더 큰 경우라면 수입의 크기가 고무줄처럼 늘었다 줄었다 할 수도 있다.

광고기획 회사에 다니는 이현정 씨(29세)는 보너스가 있는 달과 없는 달의 차이를 제대로 관리하지 못해 재무 관리에 어려움을 겪었다.

"보너스가 3개월에 한 번씩 나왔는데 그 때는 월수입이 230만 원정도 됐어요. 보너스가 안 나오는 달의 월급은 180만 원이었어요. 50만 원 정도 차이가 나니까 통제하기가 쉽지 않았어요. 신경 써서 관리를 하지 않았더니 씀씀이는 월급이 많이 나오는 달이 기준이 되고 저축은 보너스가 없는 달이 기준이 되어버리더군요."

이런 식으로는 곤란하다고 생각한 현정 씨는 일을 마치고 퇴근한 어느 날 수첩을 책상 위에 꺼내놓고 월평균 수입을 계산해보았다. 평균적으로 현정 씨의 고정 수입은 월 216만 원이었다. 이를 기준으로 계획을 다시 짰다. 그리고 평균 소득의 50%에 가까운 100만 원을 뚝 떼어 저축하기로 결심했다.

입사 후 첫해 소득공제라는 연말 행사를 알게 된 현정 씨는 100만 원으로 나름의 포트폴리오를 짜면서 세테크에 큰 비중을 두었다. 우선 소득공제를 받기 위해 빼놓을 수 없는 상품인 장기주택마련저축에 가입하고, 적정한 금액으로 종신보험도 가입했다. 적립식으로 주식형 펀드에 투자하는 것도 잊지 않았다.

이 밖에 용돈을 아껴 모은 종자돈으로 인터넷 기업의 주식에 투자하고 있다. 사연이 다소 엉뚱하다.

"이건 재테크를 위한 것이기도 하지만 그 이상의 의미가 있어요. 원래 너무나 입사하고 싶은 기업이었는데 취업문을 통과하지 못했어요. 나에게 기회를 주지 않은 기업이지만 구글과 같이 세계적인 인터넷 기업으로 성장할 것이라는 믿음에는 변함이 없기 때문에 취업에 낙방한 아쉬움을 투자 수익으로 채우려는 거죠."

투자도 결국 마음먹기에 달렸다. 수익이 들쭉날쭉하면 아무래도 계획을 치밀하게 세워 실천하기는 어려운 조건이다. 하지만 어렵다고 해서 시도해보지도 않고 포기해버리면 얼마든지 얻을 수 있는 기회를 놓치게 된다. 불규칙한 소득은 핑계일 뿐이다. 제한된 범위 안에서 할 수 있는 수단을 최대한 동원하되 장기적으로 수입의 안정성을 높이고 규모를 확대할 수 있는 방안을 찾는 노력도 필요하다.

5

머니 센스 높은 여자들의 주식·펀드 투자 전략

기본적인 투자 상식으로
직접 투자 수익을 올려라

저축은행에서 4년째 근무중인 박은희 씨는 1년 동안 주식과 친해지려고 눈물겨운 노력을 기울이고 있다. 몇 개 대형 증권사에서 제시하는 추천 종목들을 눈여겨보면서 어느 증권사가 종목 선정에 뛰어난 실력을 지녔는지 가려놓았다. 주식 투자와 관련된 책을 탐독하면서 기술적으로 분석하는 방법도 익혔다. 지난 1년 동안 주식시장에서 두각을 나타냈던 웬만한 테마주는 다 꿰고 있다. 매일같이 경제 신문을 읽고 취침 전 케이블 방송의 주식 투자 프로그램을 보는 것은 기본적인 일상이다.

은희 씨는 2007년 초 CMA통장에 모인 종자돈 1,000만 원을 들고 증권사를 찾아 계좌를 열고 컴퓨터에 홈트레이딩시스템HTS도 설치했다. 본격적인 주식 투자 입문을 위해서다.

"종자돈을 만드는 데 2년 반 정도 걸렸어요. 따로 예금이나 적금 상품에 가입해서 마련한 것은 아니에요. 공돈이 생길 때마다, 상여금이 나올 때마다, 또 다달이 불입하는 보험과 정기예금, 신용 카드 대금을 지급하고 월급에서 남는 돈을 틈틈이 CMA 통장에 넣어 종자돈을 마련했어요. 만에 하나 원금을 모두 잃을 수도 있기 때문에 핵심 자산을 훼손하지 않고 가욋돈을 모아 시작하기로 했죠. 물론 가욋돈이라고 해서 원금을 잃어도 괜찮다는 얘기는 절대 아니랍니다."

방어주 · 민감주 · 가치주, 주식으로 승부

혼자 모의 투자도 하면서 나름대로 실력을 쌓았지만 막상 실전에 나서려니 두렵고 떨린다. 요즘같이 각종 펀드가 봇물을 이루는 세상에 왜 하필 직접 투자를 택했을까?

"차익에 대해 소득세를 부과하지 않는 유일한 금융자산이 주식이 잖아요. 물론 펀드도 주식 투자에서 발생하는 차익에 대해서는 과세하지 않지만 수수료 부담이 적지 않은 것 같아요. 전문가에게 맡긴다고 해서 실패하지 않는다는 보장이 있는 것도 아니고요. 2005년 말쯤 주식형 펀드에 가입했는데 2006년 상반기 내내 마이너스 수익률을 기록하더군요. 3분기에 간신히 수익률이 플러스로 돌아섰길래 환매를 했는데 거기서 수수료를 떼고 나니 남는 것도 없더군요. 차라리 좋은 종목 하나를 선택해서 투자했으면 원금을 까먹는 일은 없었을 것 같다는 생각이 들었어요."

펀드가 마이너스 수익률을 벗어나지 못했을 때 일찌감치 직접 투자를 준비한 은희 씨. 나름대로 원칙도 세웠다. 종자돈의 규모와 투자 자산에 상관없이 분산 투자는 기본. 우선 경기방어주와 경기민감주, 가치주 등 크게 세 가지로 포트폴리오를 구성하기로 했다.

경기방어주는 기업의 이익이나 주가 흐름이 경기의 기복에 크게 휘둘리지 않아 안정적인 투자처로 꼽힌다. 가치주도 마찬가지. 주가에 비해 기업이 보유한 부동산과 현금 자산, 자회사로부터 유입되는 지분법 평가이익 등 자산 가치가 월등하게 뛰어난 종목이어서 경기나 증시의 단기적인 등락에 강한 성격을 띤다. 마지막으로 경기민감주는 기업의 이익이 경기 순환에 크게 영향을 받는 종목이다. 주가 변동성이 높은 편이어서 시세를 따라잡고 수익을 올리는 데 어려움이 많지만, 그만큼 기대수익률이 높고 올해 경기가 회복될 것이라는 생각에 일정 부분 편입하기로 했다.

"경기방어주와 가치주 비중을 60%로 가져가고, 나머지 40%를 경기민감주로 채울 생각이에요. 투자 종목 수는 다섯 종목으로 제한했어요. 개인이 주식에 직접 투자할 때 종목 수를 최소화하는 것이 좋다고 하더군요. 어느 주식 전문가는 세 종목이 가장 적합하다고 하는데 경기방어주와 가치주를 두 종목씩 투자하는 것이 나을 것 같아요. 주가 변동폭이 작기 때문에 다시 한 번 분산하는 편이 잠재수익률을 높이는 방법일 것 같아요."

경기민감주는 두 번 고민할 것 없이 반도체 종목 하이닉스로 골랐다. 삼성전자를 놓고 잠시 고민했지만 하이닉스가 나을 것 같았다.

"그냥 IT 종목이 아니라 반도체에 투자하고 싶어요. IT라고 흔히 말하지만 세부적인 분야는 성격들이 크게 다르잖아요. 삼성전자도 반도체 부문에서 세계적인 경쟁력이 있지만, 그 밖에 가전이나 휴대 전화, LCD 사업에서는 경쟁력을 잃고 있는 것 같아 매력적이지 않아요. 그리고 삼성전자의 주가가 안 올랐다고 하지만 워낙 고가 종목이기 때문에 지금 가진 종자돈으로 투자하기에는 적합하지 않다는 생각이 들어요."

 ••• PER, PBR 정도는 알고 덤벼라

가치주는 경제 신문과 증권사에서 제시한 투자 의견을 종합해 일단 보유 자산이 많은 종목을 가려냈다. 순현금성 자산이 많거나 땅 부자 기업을 골라내는 한편, 주가수익률PER/price earnings ratio이 낮은 종목과 자기자본이익률ROE이 높은 종목도 추렸다. PER은 주가를 주당순이익으로 나눈 값으로, 기업이 거둬들이는 수익에 대해 주식시장에서 얼마만큼 가치를 인정받고 있는가를 나타내는 지표다. 동종 업계의 경쟁사에 비해 PER이 높을수록 고평가된 것이며, 낮을수록 저평가된 종목으로 평가받는다. PER과 함께 주가순자산비율PBR/price on bookvalue ratio도 주가의 적정성을 평가하는 데 자주 이용되는 지표다. PBR은 주가

를 주당순자산으로 나눈 수치다. 여기서 순자산은 대차대조표상 자산에서 부채를 뺀 값을 말한다. 즉 PBR은 재무제표상에 나타난 기업의 자산 가치와 주가의 비율을 나타내는 것이다.

은희 씨는 이 가운데 PER과 ROE를 잣대로 삼았다.

"채권수익률이 5%도 안 되는데 ROE가 10% 이상인 기업이면 채권에 비해 두 배 이상 수익률이 높은 셈이잖아요. 이 정도면 투자해도 안정하다고 생각해요. 그리고 상대적인 밸류에이션이 낮은 종목이면 이익의 개선과 별개로 그만큼 주가 상승 여력이 있는 것이기 때문에 투자 매력이 높은 종목이죠."

10여 개의 후보 종목 가운데 은희 씨가 투자하기로 결정한 종목은 정유업계에서 1위를 달리는 기업과 이미 세계적인 기업으로 성장한 철강 회사다. 두 종목 모두 마침 국내 한 증권사가 제시한 가치주 리스트에 포함돼 있어 한결 마음이 놓였다. 리스트를 제시한 증권사는 뮤추얼펀드를 국내 최초로 도입한 데 이어 주식형 펀드 시장에서 선두를 다투며 간접 투자 문화를 정착시킨 기업이다. 또 은희 씨가 1년 정도 증권사별 추천 종목의 수익률을 지켜보면서 실력을 인정하게 된 증권사이기도 하다.

마지막으로 경기방어주. 북핵 문제가 불거졌을 때나 주식시장이 전반적인 조정을 받을 때도 건재했던 것이 경기방어주다. 은희 씨는 대표적인 방어주인 한국전력과 KT&G를 골랐다. 이 2개 종목은 방어주이면서 배당주이기도 해서 투자 가치가 높다고 판단했다. 포트폴리오를 완성한 은희 씨의 표정이 흡족하다.

"앞으로 수익률이 어떨지 모르지만 포트폴리오는 만족스러워요. 나름대로 국내 주식시장의 우량주에 해당하는 종목이잖아요. 개인의 손을 잘 타는 잡주가 아니기 때문에 적어도 변덕스럽게 급등락을 하는 일은 없을 것이라고 믿어요. 원금 대비 20% 이상 떨어지지 않으면 장기 투자할 생각이에요. 개인도 단기에 일확천금을 바라지만 않는다면 얼마든지 수익의 기회가 많다고 봐요. 연기금도 주식 투자를 늘린다고 하고, 퇴직연금이 활성화되면 기관 투자자의 비중이 그만큼 높아질 테니까 시장 전반의 안정성이 높아지지 않을까요."

은희 씨는 점심 식사 후 하루 한 번만 HTS를 열고 시세를 확인할 생각이다. 휴대 전화를 포함해 각종 단말기가 출시돼 있지만 이용하지 않기로 했다. 시시각각 주가 움직임을 보면 마음이 흔들려 자칫 잘못된 판단을 내릴 수도 있고, 회사 업무나 일상생활에 지장이 발생할 수도 있기 때문이다. 시세를 확인하는 것보다 중요한 것은 해당 종목에 대한 뉴스와 환율, 성장률을 포함한 경제지표라는 것이 은희 씨의 생각이다.

 중국 주식도 직접 투자하라

기자 생활 5년차로 접어든 김현주 씨는 매사에 물불 안 가리고 덤비는 여걸이다. 재테크에서도 여장부의 면모를 숨김없이 드러낸다.

이제 친디아Chindia(China와 India의 합성어)라는 말이 전혀 낯설지 않을 만큼 해외 주식 투자가 일반화되었지만 막상 투자에 나서려고 보면 시장 전망과 환율까지 신경 쓰이는 부분이 적지 않다. 더구나 현주 씨가 선택한 것은 국내외 운용사에서 판매하는 해외 펀드가 아니다. 중국의 대표적인 석유화학업체와 통신사 주식이 현주 씨의 포트폴리오에 한 자리를 차지하고 있다. 국내에는 아직 잘 알려지지 않은 의류업체에도 투자했다.

"펀드나 지수보다 개별 주식에 투자하는 편이 낫다고 생각해요. 개별 주식의 변동성이 좀더 크긴 하지만 절대적인 리스크가 크게 차이나진 않아요. 중국 경제가 흔들리거나 미국 경제가 경착륙이라도 하면 지수나 펀드도 마이너스 수익률을 내기는 마찬가지거든요."

적어도 2008년 올림픽을 열기 전까지는 중국 경제가 고속 성장을 이어갈 것이고, 그러면 국가 기간산업과 강한 연결고리를 가진 기업도 당연히 이익을 많이 내고 주가도 오를 것이라는 것이 현주 씨의 분석이었다.

투자 논리가 다소 엉성해 보이지만 어쨌거나 중국 주식은 현주 씨의 포트폴리오에서 가장 높은 수익률을 내주고 있다. 특히 중국의 의류업체는 사업 확충을 위해 자본금을 늘리는 무상증자를 실시해 100%에 가까운 수익률을 안겨줬다.

중국 투자는 세계적인 투자가들도 '이구동성'으로 유망함을 외친다. 2006년 하반기에 우리나라를 방문한 세계적 헤지펀드인 '퀀텀 펀드'의 공동 창립자이자 투자의 귀재로 불리는 짐 로저스는 당시 포트폴리오에 중국 주식만 보유하고 있다며 중국 시장에 매우 긍정적인

중국 주식 정보 사이트

사이트명	사이트 주소	특징
차이나스톡	www.chinastock.co.kr	회원제 운영
차이나윈도	www.chinawindow.co.kr	상해신은투자자문유한공사와 제휴
중국경제정보분석	www.ceiaf.net	중국경제 분석 전문
리딩투자증권	www.leading.co.kr	중국 주식 거래
굿모닝신한증권	www.goodi.com	중국 주식 거래
키움증권	www.kiwoom.com	중국 주식 거래

시각을 드러내기도 했다.

하지만 중국 투자도 신중해야 한다는 것은 두말할 나위가 없다. 시장 변동성이 크고 국내 주식에 비해 정보가 제한적인 지역의 직접 투자인 만큼 '뜬다더라'는 소문만 믿고 섣불리 시작했다가는 쪽박 차기 십상이다.

직접 투자, 공모주와 장외 주식의 기회를 잡아라

'돈이 부족한 것이 모든 악의 근원이다!'

더블린 출신의 문학가인 조지 버나드 쇼의 말이다.

손창희 씨 역시 가난이 악의 근원이 될 수 있다는 말에 조금의 이견도 보이지 않는다. 굳이 장발장 이야기를 떠올리지 않더라도 절도와 사기, 살인까지 적지 않은 사회적 범죄가 가난에서 비롯되었다는 사실을 생각하면 조지 버나드 쇼의 말을 부정할 수 없다는 얘기다.

개인의 안락한 생활뿐 아니라 사회적인 안정을 위해서라도 모든 사람들이 자신에게 맞는 재테크 방법을 찾고 성공적인 투자를 해야 한다는 것이 창희 씨의 지론이다.

창희 씨는 당당한 삶을 위해 누구보다 강렬하게 부자를 꿈꾼다. 설사 평생을 가난하게 산다고 해도 자신이 범죄를 저지를 수 있는 인물이라고 생각하지는 않지만 자본주의 사회에서 당당하게 살기는 아무래도 힘들 것 같다.

행복은 성적순이 아니지만 물질적인 풍요는 성적순이라는 생각에 학창 시절 공부도 독하게 했다. 이른바 '스카이'라는 국내 3대 명문대에 장학생으로 입학한 창희 씨는 4년 동안 장학금을 한 번도 놓치지 않았다. 우수한 성적으로 외국계 화장품 회사에 취업한 창희 씨는 1년 남짓 일하면서 2,000만 원이 넘는 종자돈을 모았다. 적지 않은 월급에 씀씀이를 절제하면서 열심히 저축한 결과다. 뿐만 아니라 대학때 받은 장학금도 고스란히 은행 예금통장에 남겨두었더니 쏠쏠한 종자돈이 되었다.

 고무줄처럼 원금을 늘리는 법

"대학 4년 동안 장학금을 받았지만 부모님은 등록금을 다 내시고 장학금을 따로 통장에 넣어주셨어요. 통장 잔액이 불어나는 것을 보면서 정말 공부 잘하는 것이 돈 버는 길이라는 생각을 다시 하게 되었죠."

통장에서 잔액이 늘어나고 이자가 붙는 즐거움을 일찍 맛본 사람은 그만큼 자산 관리에 더 철저하고 강해진다. 창희 씨도 그랬다. 같은 또래의 친구들에 비해 빨리 종자돈을 마련한 창희 씨는 본격적으로 재테크 수단을 동원했다. 투자 자금을 나눠 안정적인 방법과 공격적인 방법을 함께 사용하되 은행 예금에는 맡기지 않기로 했다.

"장학금을 한 은행의 보통예금에 넣었어요. 장학금이 매달 나오는 것도 아니고 1년에 두 번 받는 데다 혹시 못 받을 수도 있고 금액도 일정하지가 않아서 정기적으로 적립하는 금융 상품에 가입하기는 어려웠어요. 아니나 다를까 4년 동안 이자 수입이 거의 없더군요."

원금 손실에 대한 리스크 없이 이자 수익을 올릴 수 있는 상품을 찾던 창희 씨는 우선 복리 예금 상품에 가입하기로 했다.

"어느 책에서 복리의 마술에 대해 설명한 글을 본 일이 있어요. 복리가 이자에 이자를 더 준다는 사실은 이미 알고 있었는데 그 힘이 얼마나 대단한 것인지는 책을 접하기 전까지 몰랐어요."

복리 상품은 예치기간이 길수록 강한 마력을 분출한다. 가령, 10%의 이자를 주는 거치식 상품에 가입할 때 원금이 두 배로 늘어나는 데 걸리는 시간이 단리의 경우 10년이지만, 복리는 7.2년으로 3년 가까이 단축된다.

원금이 4배로 늘어나는 시점은 단리가 20년인 데 비해, 복리는 14.4년이다. 8배가 되는 시점은 단리가 30년, 복리가 21.6년으로 차이가 더 크게 벌어진다.

"한 저축은행의 거치식 복리 예금에 1,000만 원을 묻어두기로 했어요. 저축은행과 새마을금고와 같은 제2금융권에 문의해보았는데 6% 이상의 금리를 주는 상품을 찾기는 어려웠어요. 종자돈 2,000만 원을 모두 예치할까 생각하다가 만기가 3년으로 긴 편이어서 1,000만 원만 넣기로 했죠. 혹시 목돈이 필요한 일이 발생할지도 모르니까요."

창희 씨는 나머지 1,000만 원으로 주식에 투자하기로 했다. 하지만 처음부터 이미 주식시장에 상장돼 거래가 이뤄지는 주식에는 큰 관심을 두지 않았다. 가진 돈으로 공격적인 투자를 하기에는 주식이 좋겠다는 판단을 내렸는데 이미 시장에서 사람들의 손을 탄 종목으로는 기대할 수 있는 수익률이 제한적일 것이라고 생각했다. 단기에 고수익을 내겠다는 욕심만으로 주식 투자를 결심한 것은 아니지만 상장 종목 중에서 과연 저평가된 진주를 찾을 수 있을까 하는 의문이 가시지 않았다.

"증권사에서 내는 투자 의견도 다 맞는 것이 아니잖아요. 저평가된 종목을 무릎에서 사서 어깨에서 팔라는데, 그럴싸한 이론이지만 실제로 사고팔아야 할 시점을 포착하는 일이 어디 쉬운가요."

 ● ● ● ● 공모주, '될성부른' 기업을 선취매하라

그래서 생각해 낸 것이 공모주와 장외시장 종목이다. 공모주는 기업이 신규로 주식시장에 상장하거나 기존에 상장된 기업이 유상증자를 실시할 때, 구주주의 실권이 발생할 때 투자자에게 파는 주식을 말한다.

공모주에 투자하려면 청약을 하는 방법도 있지만 공모주 펀드를 이용해 간접 투자할 수도 있다. 또 창희 씨의 생각처럼 상장을 앞둔 장외 기업에 투자하는 것도 공모주 투자와 같은 맥락으로 볼 수 있다.

청약 방식으로 공모주에 투자하려면 기업공개IPO를 주관하거나 청약을 대행하는 증권사를 찾아 해당 증권사의 계좌를 만들어야 한다. 계좌를 개설할 때 공모주 청약 거래 서비스를 추가로 신청하면 홈트레이딩시스템HTS이나 전화로 공모 청약에 참여할 수 있다. 공모주 청약이 그리 간단한 일은 아니다. 증권사에 따라서는 월평균 잔고가 일정 금액 이상 유지되어야 공모주 청약의 기회를 주기도 하고, 주거래 고객에게만 청약 자격을 주기도 하기 때문이다.

"최근 몇 년 동안 기업의 신규 상장이 드물었는데 꾸준히 상장설이 나돌았던 금융 회사는 장외시장에서 꾸준히 오름세를 타고 있더군요. 이 밖에 일반 기업들의 IPO가 점차 늘어날 것이라는 소식이 언론에 보도기도 했고요."

창희 씨는 보험사 가운데 상장 가능성이 높은 기업과 한 카드사의 상장 여부에 주목하고 있다. 은행주가 장기간 꾸준한 상승세를 보인 것처럼 보험과 카드도 금융주로서 매력을 발산할 것이라는 믿음에서다. 시장 유동성에 일희일비하는 증권주와 달리, 주가 흐름이 안정적일 것이라는 기대도 갖고 있다. 특히 창희 씨가 눈여겨보는 카드사의 전환 사채CB는 이미 채권의 투자 가치는 상실했지만 가격 상승이 지속되고 있다. 상장 가능성을 장담할 수 없지만 이 카드사에 당장 투자할 수 있는 방법이 CB밖에 없는 데다 자산 가치도 올해 상장한 경쟁사에 비해 높기 때문에, 상장할 경우 더 높은 시가 총액이 형성될 것이라고 판단한 투자자들이 매수에 참여하면서 가격을 끌어올리는 것.

"기다리는 기업이 공모주 청약을 실시하면 매수할 생각이에요. 투자기간은 생각하지 않고 목표수익률을 10%로 하려구요. 이 정도면 예금 금리 두 배 수준이잖아요. 공모주는 보통 상장 직후 수직 상승한다고 하던데 그런 강세를 보이면 더 바랄 게 없을 것 같아요."

 ### •••• 새내기주 매수는 기관 매도를 이용하라

공모주가 상장 직후 큰 폭으로 상승하는 것은 수급의 불균형 때문이다. 투자자들의 관심이 집중되는 동시에 매도 가능한 주식이 제한되어 있기 때문에 상승 탄력을 받기 쉽다.

하지만 2006년 공모한 주식을 보면 '상장 직후 대박'이라는 논리가 성립되지 않았다. 주당 40만 원에 공모를 실시한 롯데쇼핑은 1년 이상 주가가 공모가를 밑도는 수난을 겪었고, 코스닥 시장의 공모주 역시 평균수익률이 마이너스를 기록했다. 공모주라고 해서 '묻지마' 식으로 투자하는 경향이 희석되기도 했고, 기업 펀더멘털에 따른 주가 차별화 움직임이 뚜렷해졌기 때문이다.

특히 상장 후 통상 1개월이 지나면서 기관의 보호예수가 끝나는데, 이때 기관이 들고 있던 물량을 시장에 쏟아내면서 주가를 떨어뜨리기도 한다. 이 때문에 주식시장 전문가들은 보호예수가 풀리면서 기관 매도로 인해 주가가 떨어질 때 저렴한 가격에 투자하는 전략을 권고하기도 한다.

창희 씨는 관심권에 둔 카드사 주식을 장외시장에서 매수하기로 결심하고 적절한 시기를 저울질하는 중이다. 일반인 중에 장외 주식으로 재미를 본 사람은 많지 않다. 매매 방법과 절차를 잘 모르는 데다 장외 주식은 투자 리스크가 크다는 인식으로 거리를 두기 때문이다.

장외 주식도 일종의 주식 투자이기 때문에 유가증권시장이나 코스닥 시장에 상장된 종목과 매매 방법이 대동소이하다. 증권 회사의 계좌를 통해 매수나 매도가 이루어지는 점은 장내 주식과 같고, 실제 매매가 증권거래소의 전산 시스템이 아니라 장외 주식 전문회사를 통해 이뤄지는 점이 다르다.

또 장내 주식은 특정 시각에 형성되는 가격이 한가지로 통일되지만 장외 주식은 지역에 따라 크게는 10%까지 가격에 차이가 발생한다. 가령, A종목의 주가가 같은 날, 같은 시각에 부산에서는 5,000원, 서울에서는 5,500원으로 상이할 수 있다.

장외 주식은 장내 주식에 비해 유동성이 떨어지기 때문에 그만큼 환금성이 낮고, 시장에서 평가하는 기업의 가치를 정확하게 파악하기도 힘들다. 전산상의 거래가 불가능하기 때문에 심한 경우 입금을 했는데도 주식이 전달되지 않을 수도 있다.

상장 주식과 비교할 때 여러 가지로 맹점이 있지만 창희 씨가 장외 주식에 욕심을 내는 것은 그만한 확신이 있기 때문이다.

"장외 주식이 무조건 좋다는 얘기가 아니에요. 사려고 하는 종목이 좋아 보인다는 말이죠. 회사 측에서는 상장 여부에 대해 긍정하는 발언을 한 일이 없지만 시장에서는 상장하는 쪽에 높은 가능성을 두는 듯해요. 거래가 활발하지 않고 사람들의 관심이 낮을 때 미리 사두면 상장 이후에 매수하는 것보다 높은 수익을 올릴 수 있지 않을까요."

　장외 거래가 분명 주식 투자 방법 중 하나이지만 기업에 대한 확실한 정보와 확신이 있지 않으면 섣불리 투자했다가 큰 손실을 볼 수도 있다. 예상과 달리 투자한 기업이 상장하지 않으면 유동성이 낮은 특성 때문에 돈이 필요할 때 매도하지 못하는 상황이 발생할 수 있다. 또 상장된다고 해서 주가가 다 오르는 것도 아니라는 점도 고려해야 할 문제다.

ELS, ELD, ELF 등 다양한 상품을 통해 투자 전략을 짜라

평소 투자와 담 쌓고 사는 마민애 씨. 약학을 전공하고 국내 한 대기업의 연구실에서 일하는 민애 씨의 평균 퇴근 시간은 밤 11시다.

학창 시절만 해도 자타가 공인하는 책벌레였지만, 소설책 한 권 읽은 지가 1년 가까이 지났다. 요즘 뜨는 영화는 뭔지, 인터넷 검색단어 1위는 뭔지, 대선 판도가 어떻게 돌아가는지 따위의 세상사와 담을 쌓은 지 오래다. 이러니 아무리 먹고 사는 문제라고 하지만 재무 관리에 관심을 가질 시간적, 심리적 여유 부린다는 것은 생각하기 힘든 일이다.

1년 전만 해도 민애 씨가 가진 통장은 달랑 3개였다. 급여 이체 통장과 직장인이면 누구나 하나쯤 가지고 있어야 한다길래 만든 장기주택마련저축 통장, 어머니의 권유로 개설한 적금 통장이 전부였다. 종합자산관리계좌CMA와 각종 펀드로 시중 자금이 밀물처럼 유입된다고 하지만 주식시장 어디에도 민애 씨가 심어놓은 종자돈은 없었다.

그랬던 민애 씨가 연초 점심시간마다 끼니를 거르면서 가까운 은행과 증권사 창구를 섭렵하고 다녔으니 이유인즉, 지난해 연말 생각하지 않았던 성과급을 받은 탓이었다. 성과급과 급여 이체 통장에 쌓인 잔액을 합치면 1,000만 원이 좀 넘는 돈인데 차일피일 미루다 상반기가 지나고 나서야 굴릴 곳을 찾아 나선 것이다.

 ● ● ● ● 투자 방법, 종자돈 성격 따라 달라야

"회사에서 월급이 들어오는 통장을 빼고 입사 후 5년 동안 만든 통장이 2개밖에 안 된다는 말을 듣고 친구들이 어이가 없다는 표정을 짓더군요. 그나마도 최근 1, 2년 사이에 만들었어요. 좀 심하긴 하죠. 사실 돈 모으는 데 관심이 많지 않았어요. 들어오는 월급 중 일부는 저축하고, 나머지는 부모님 용돈과 잡비로 쓰는데 사실 쓸 데도 많지 않아요. 아침 일찍 출근해서 밤늦게 퇴근하는 데다 점심, 저녁 식사도 매일 구내식당에서 먹으니까 정말 돈을 쓸 일도 시간도 없어요."

그런데 뜻밖의 '공돈'이 생기자 남들처럼 한번 굴려볼까 하는 생각이 들었다. 점심 식사 후 가끔 펼쳐보는 신문 경제면을 보면서 재테크 열기가 얼마나 뜨거운가는 이미 짐작하고 있었고, 막연하게나마 뭔가 하긴 해야 한다는 생각을 하던 터였다.

민애 씨는 안정적인 확정 금리 상품에 넣을 수도 있지만 어느 정도 리스크를 감내하더라도 수익을 낼 수 있는 곳에 투자하고 싶었다. 같은 1,000만 원이라도 사람에 따라 그 의미는 다르다. 한 달에 몇십만 원씩 어렵게 모아 만든 종자돈과 민애 씨처럼 고액 연봉자가 성과급으로 받은 돈의 가치는 같다고 볼 수 없다. 운용 방법이나 적합한 상품도 상황과 목적에 따라 달라져야 한다.

"금융 상품에 대해 가진 정보가 너무 빈약했어요. 그래서 처음에는 인터넷으로 이것저것 검색해보다가 나중에는 금융 회사 영업점을 찾아다녔죠. 가입할 상품을 정한 것도 아니고, 잘 알지 못하니까 어떤 것을 문의해야 할지부터 막막했어요. 그래서 영업점 직원에게 무작정 어떤 상품이 좋은지 물어봤죠."

하지만 그렇게 해서는 힘들겠다는 생각이 들었다. 영업점에서 뭔가를 추천하긴 하는데 시키는 대로 했다가는 자신이 원하고 종자돈의 성격에 적합한 상품이 아니라 금융 회사가 팔고 싶은 상품에 가입하게 되겠다는 생각이 들었다.

발품 파는 일이 힘들기도 하고, 마침 상장회사에 다니는 터라 자사주를 살까도 생각했다. 하지만 자신이 다니는 회사의 주식을 사는 것은 좋은 투자가 아니라는 말에 생각을 접기로 했다.

"어느 책에선가 읽었던 내용이 떠올랐어요. 투자의 기본은 리스크를 분산하는 것인데 이런 관점에서 보면 자사주를 사는 것은 바람직

하지 않다는 얘기였어요. 다니는 회사가 성장하면 주식이 아니더라도 월급이 오르거나 성과급으로 받는 것을 보상을 받을 수 있고, 만약 회사가 어려워지면 월급이 줄어들거나 직장을 잃을 위험에 빠지는 동시에 사놓은 주식도 가격이 떨어지니까 이중으로 곤경에 처한다는 내용인데 맞는 말이라는 생각이 들더군요."

 ● ● ● 기초 자산, 수익구조 따라 천차만별

돈이 생겨도 피곤하다는 생각을 하던 차에 같은 회사의 경리과 직원 중에서 투자에 일가견이 있는 것으로 자타가 공인하는 동료에게 조언을 구했다. 그리고 경리과 직원이 추천한 상품에 투자하기로 했다. 민애 씨가 추천 받은 상품은 주가연계증권 즉 ELSequity-linked securities 였다.

ELS는 개별 주식이나 주가지수와 연계해 수익률을 결정하는 투자 상품이다. 기본적으로는 기초 자산의 가격 등락을 기준으로 일정 조건에 수익률이 달라지는데, 수익 구조는 상품마다 각각 다르게 설계돼 있다. 상품 구조가 갈수록 복잡, 다양해지고 있어 리스크와 기대수익률을 정확하게 파악한 후 가입해야 한다. 그렇지 않으면 예상치 못했던 결과를 얻게 될 수도 있다. 안정성에 초점을 둔다면 원금이 보장되는 상품도 있지만 높은 수익을 기대하기는 어렵다.

무엇보다 기초 자산의 향후 전망이 중요하다. 2~3년 종자돈을 묻었으나 원금에서 손실이 발생한 경우가 적지 않으며, 이는 상품이 설계된 수익 구조와 기초 자산의 주가 방향이 어긋난 데서 비롯된 결과다.

ELS에 투자하는 펀드도 있다. 일명 지수연계형 펀드ELF/equity-linked fund다. ELF는 자산 운용사가 펀드에 ELS를 편입하는 형태로 운용된다. 이 때문에 ELF는 ELS펀드라고 불리기도 한다.

"ELS나 ELF가 그저 하나의 금융 상품이겠거니 했는데 ELS 안에서도 상품 종류가 무수히 많더군요. 구조도 얼마나 복잡한지 몰라요. 주가가 만기까지 얼마 오르면 몇 퍼센트의 수익률이 발생하는 단순한 상품도 있지만 여러 가지 경우의 수를 설정한 상품도 많아요. 또 기초 자산이 한 가지 이상인 경우가 대부분이에요. 가령 가입 후 일정 기간에 두 개의 기초 자산 주가가 기준 가격에 비해 일정 수준 이상 떨어지지 않거나 상승하면 연 몇 퍼센트의 수익률로 조기 상환되는 식이에요. 무지 복잡하죠? 상품 설명서를 여러 번 읽고 생각하지 않으면 수익 구조를 제대로 이해하기 힘들어요."

기초 자산 가격이 무조건 오른다고 좋은 것만은 아니다. 상품에 따라서는 가령 기초 자산 가격이 20%까지 오르면 15%의 고수익을 올릴 수 있는 반면, 그 이상 오르면 수익률이 5% 내외로 떨어지기도 한다.

연계되는 상품도 다양하다. 개별 주식을 기초 자산으로 하는 상품이 있는가 하면, 리스크가 높은 파생 상품에 50% 이상의 자금을 투입해 기대 수익을 높이거나 채권 비중을 90%로 높여 안전성에 중점을 둔 상품도 있다. 상품마다 조기 상환 조건도 다르다. 따라서 투자를 결정하기 전에 해당 상품이 어떤 자산에 연계되었으며, 조기 상환 조건이 무엇인지, 리스크나 안정성이 어떤지 꼼꼼하게 따져보는 것이 필수다.

"어쩜 이런 상품을 만들어냈는지 금융 회사에서 일하는 사람들 보통 머리가 아니라는 생각이 들더군요. ELS는 가입 금액이 비교적 작아서 좋아요. 대부분 100만 원이 최소 가입 금액이고, 100만 원 단위로 가입할 수 있더군요. 그런데 ELS도 종목을 선택하는 문제가 쉽지 않았어요. 고민 끝에 한 증권사에서 내놓은 상품에 가입했는데 국내 KOSPI 200지수와 일본 닛케이 225지수, 항생중국기업주가지수에 연계된 상품이에요."

무엇보다 개별 주식에 대해 고민할 여유가 없어 지수 연계 상품을 택했다. 개별 종목의 주가는 급락할 위험이 있지만 지수는 그에 비해 변동성이 작기 때문에 안전할 것이라는 생각이 들었다. 일본과 중국의 주가지수도 포함된 상품에 마음이 끌린 것은 해외 증시의 흐름이 좋다는 얘기를 들었기 때문이다.

"한두 가지 주식과 연계된 상품보다는 시장에 도전하는 쪽의 안정성이 높을 것 같았죠. 그리고 해외 증시는 워낙 뜨거운 관심을 모으고 있고, 일본 경제도 살아난다고 하니까 사실 KOSPI 200지수보다 해외 지수에 기대를 걸었죠."

민애 씨는 1,000만 원 중에 600만 원을 ELS에 투자했다. 아주 큰돈은 아니기 때문에 한 가지 상품에 집중할까 하는 생각을 잠시 했으나 그래도 만에 하나 원금에서 손실이 발생하면 무척이나 아까울 것 같았다. 그래서 나머지 40%를 투자한 상품이 더 안정성이 높은 주가연동예금ELD이었다.

 ● ● ● ELD는 원금 보장되는 은행판 ELS

ELD는 은행에서만 취급한다. 주가지수의 등락에 따라 미리 정해놓은 수익을 지급하는 것으로, 기본적인 구조는 ELS와 동일하다. 이 때문에 ELD는 '은행판 ELS'라고 보면 된다. 하지만 ELS와 달리 1인당 5,000만 원까지 예금자보호법에 의해 원금이 보장되는 상품이다. 원금 손실의 위험이 없는 대신, 주식형 펀드에 비해서는 기대수익률이 낮고, 주가지수의 등락이 사전에 제시한 수익 조건에 맞지 않을 경우 일반 정기예금보다 수익률이 저조할 수도 있다.

"ELD도 해외 주가지수에 연동하는 상품을 골랐어요. 외국계 은행에서 내놓은 상품인데 유럽의 주가지수에 연계돼 있어요. 물론 원금이 보장되고 세금우대 혜택까지 있지 뭐겠어요. 주식 파생 상품 중에 세금우대 혜택이 있다는 사실은 처음 알았어요."

2006년 9월말 현재 ELS와 ELD를 포함해 주식 관련 파생 결합 상품의 운용 잔액이 42조 원에 달한 것으로 집계되었다. 파생 결합 상품은 상품이 다양하고 구조가 복잡하지만 그만큼 자신의 성향에 맞는 투자 방법을 선택할 수 있다. 다만, 최소한의 리스크로 연 10%의 고수익을 기대할 수 있다는 점이 투자자들에게 매력으로 비쳐지지만 주식시장의 시황에 따라 원금 손실의 위험이 분명히 있다는 사실을 잊어서는 곤란하다. 특히 2007년 들어 ELD의 수익률이 저조하다는 지적이 뜨겁게 달아오르자 은행권의 상품 출시가 주춤하는 모습이다.

ELS와 관련해 짚고 넘어가야 할 문제는 또 있다. 우선 목표수익률 앞에 '연'이라는 조건이 붙어 있다는 사실에 주목해야 한다. 연 15% 수익률은 말 그대로 수익을 연율 기준으로 적용한다는 뜻이다. 따라서 조기 상환될 경우, 가입 후 만기 시점까지의 기간만큼만 수익을 제공한다. 가령 ELS가 6개월 만에 조기 상환되는 경우, 투자자는 연 15%의 수익률 중에서 6개월치만 받을 수 있다.

또 한 가지, 조기 상환이 결정되는 시점에 투자 자금을 곧바로 상환받을 수 있다고 생각한다면 착각이다. 조건이 충족되어 열흘 만에 조기 상환이 결정된다고 해도 투자 자금을 손에 쥘 수 있는 것은 6개월이 되는 시점이다. 처음부터 6개월에 한 번씩 조기 상환이 가능하도록 설계되었기 때문이다.

마지막으로 주의할 점은 만기 이전에 해지할 경우, 수수료 부담이 만만치 않다는 것이다. 중도 상환 수수료는 증권사에 따라 다르지만 경우에 따라 기대수익률보다 중도해지 수수료가 더 높은 상품도 있다. 따라서 ELS에 가입할 때 목표수익률뿐 아니라 만기와 수수료를 꼼꼼하게 확인해야 한다.

ETF로 리스크는 낮추고
안정성은 높이자

은행 예금 금리가 조금씩 오르기는 한다지만 마음에 반도 안 찬다는 웨딩 플래너 최유림 씨(33세). 아직 결혼 생각은 없고, 모아놓은 종자돈으로 수익을 더 올리고 싶어 마땅한 투자처를 찾던 차에 상장지수 펀드ETF를 알게 되었다.

개별 종목에 투자하자니 넉넉지 않은 종자돈으로 한두 개 종목에 베팅, 리스크를 떠안을 자신이 없다. 펀드에 투자하자니 야금야금 먹혀들어가는 각종 운용 보수에 수수료를 떼이기가 싫다. 시장이 오르는 만큼 수익률을 챙기면서 동시에 수수료 비용을 아낄 수 있다니 '바로 이것' 이란 생각이 꽂힌 것이다.

ETF는 주식이나 펀드와 유사한 성격을 가진 동시에 분명히 구별되는 차이점도 있다. 보통 은행이나 증권사, 보험사, 투자신탁회사의 창구에서 판매하는 펀드와 달리 ETF는 주식시장에 상장되어 주식과 같이 매매가 이루어진다. 따라서 증권사에 계좌를 열고 컴퓨터에 홈트레이딩시스템HTS을 설치하면 언제든 사고팔 수 있다. 주식시장에 상장된 다수의 종목에 투자할 수 있다는 점에서 펀드와 닮았지만, 펀드 매니저의 판단에 따라 종목과 비중을 달리해 수익률을 올리는 것이 아니라, 특정 지수에 편입된 종목 가운데 일부를 편입한다는 점에서 차이점이 있다. 즉 ETF는 시장 전체 또는 특정 업종에 투자해 해당 지수만큼의 수익률을 낼 수 있도록 설계된 상품이다.

따라서 국내외 특정 시장이나 업종의 주가가 상승 추세를 보일 것으로 확신한다면 ETF가 한 가지 방법이 될 수 있다.

"지수를 추종하는 상품이니까 종목 하나하나에 신경 쓰지 않아도 된다는 점이 제일 마음에 들었어요. 한 종목에 투자했다가 주가가 떨어지면 크게 손해볼 수도 있는 데 반해, ETF는 주식시장이 상승 흐름을 타면 수익을 올릴 수 있으니까 개별 종목보다는 안전하죠."

이 외에도 ETF가 유림 씨의 관심을 끈 이유는 많다. 주식은 매도할 때 매도 금액의 0.3%에 해당하는 거래세를 내야 하는 반면, ETF는 거래세가 면제되기 때문에 비용이 저렴하다. 운용 보수가 있긴 하지만 0.5% 내외에 그쳐 연 2~3%에 달하는 펀드 보수에 비하면 부담이 크지 않다.

주식처럼 거래되는 ETF는 원하는 가격에 매도와 매수 주문을 낼 수 있다. 가입 시점과 기준 가격이 정해지는 시점이 상이한 펀드와 구별되는 점이다. 환매 후 입금까지 걸리는 시간은 3일로 펀드와 큰 차이가 없지만, 실제로 계좌에 입금이 이뤄지기 전에 이를 담보로 매수 주문을 낼 수 있다는 점도 ETF의 장점으로 꼽힌다.

"국내 주식시장이 상승세를 지속할 것이라는 생각이 강했어요. 그래서 2006년 여름 KOSPI 200지수를 추종하는 KODEX 200에 1,000만 원을 투자했죠. 한꺼번에 매수한 것은 아니고 주가가 주춤할 때마다 몇백만 원 단위로 사들였어요. 장기 투자를 생각하고 묻었는데 지수가 꿈의 지수라는 2000을 넘었으니 예상이 적중한 셈이죠. 그대로 두고 지금은 가치주 ETF를 유심히 보고 있어요."

한 국내 운용사에서 내놓은 가치주 펀드가 마음에 든다는 유림 씨. 하지만 조건을 보니 숨이 턱 막혔다. 운용 보수가 연간 2.8%에 달했고, 3년 안에 환매할 경우 수익금의 70%를 토해내야 하는 조건이 붙어 있었던 것.

7월 말 가치주 ETF 상장은 '해외에는 각종 스타일의 ETF가 활발하게 거래된다는데 왜 가치주 ETF는 없을까?' 하며 아쉬워하던 유림 씨에게 무척이나 반가운 소식이었다.

가치주 펀드와 ETF의 투자를 결정할 때 우선 생각해야 할 점은 사람과 시장 중 어느 쪽을 선택할 것인가 하는 점이다.

어느 펀드나 마찬가지로 가치주 펀드 역시 펀드 매니저가 주관적

국내 ETF 현황

종목명	벤치마크 지수	운용회사
KOSEFBanks	KRX Banks	우리크레디트스위스자산
KODEX은행	KRX Banks	삼성투자신탁
TIGER은행	KRX Banks	미래에셋맵스자산
KOSEF200	KOSPI 200	우리크레디트스위스자산
KODEX자동차	KRX Autos	삼성투자신탁
KOSEFIT	KRX IT	우리크레디트스위스자산
TIGERKRX100	KRX 100	미래에셋맵스자산
TIGER반도체	KRX Semicon	미래에셋맵스자산
KODEXKRX100	KRX 100	삼성투자신탁
KODEX반도체	KRX Semicon	삼성투자신탁
TIGER미디어통신	KRX Media & Telecom	미래에셋맵스자산
KODEX200	KOSPI 200	삼성투자신탁
KODEX중대형가치	중대형가치	삼성투자신탁
TREX중소형가치	중소형가치	유리자산
KODEX중형가치	중형가치	삼성투자신탁
KODEX중대형성장	중대형성장	삼성투자신탁
TIGER중형가치	중형가치	미래에셋맵스자산
TIGER순수가치	순수가치	미래에셋맵스자산
KOSEF대형가치	대형가치	우리크레디트스위스자산
KOSEF중형순수가치	중형순수가치	우리크레디트스위스자산
KODEX스타	KOSDAQ스타지수	KODEX스타
KODEX CHINA H	HSCEI	삼성투자신탁

인 판단에 따라 '가치주'의 그물망에 걸린 종목들을 편입한다. 가치주가 무엇인가 하는 문제에 대해서는 투자자들 사이에 일반적으로 통하는 정의가 내려져 있지만, 펀드 매니저의 주관에 따라 기업을 평가하는 잣대나 가치를 부여하는 기준에서 차이가 발생한다. 또 숨은 진주를 발굴하는 능력이 매니저에 따라 다를 수도 있다.

반면, 가치주 ETF의 종목 선정은 인덱스 운용자의 주관적인 판단이 아니라 MF지수라는 일종의 시스템에 의해 이뤄진다. 즉 최근 상장된 가치주 ETF는 가치주 펀드와 같이 지수와 무관하게 개별 종목 투자로 승부하는 것이 아니라 MF지수를 추종하도록 설계된 셈이다.

한편, 2007년 8월 현재 국내 시장에 상장된 ETF는 총 20개다. KOSPI 200지수를 추종하는 ETF 외에 자동차와 반도체 의료건강, 은행, IT 등 5개 섹터 지수를 추종하는 종목과 가치주 또는 성장주 ETF가 시장에서 거래되고 있다.

 ● ● ● 허락되지 않은 투자, ETF로 뚫는다

'부동산 시장은 상승에만 베팅할 수 있을까. 미국 부동산 시장의 상승 추세가 꺾일 것 같은데 하락을 이용해서 수익을 올릴 수 있으면 얼마나 좋을까….'

'투자하고 싶은 중국 주식은 A증시에 있는데 접근할 수 있는 묘책이 없을까?'

이처럼 남다른 투자 전략을 찾는 데 골몰하는 투자자라면 상장지수 펀드ETF를 이용해 아쉬움을 해결할 수 있다.

중국 상하이와 선전 A증시는 내국인 전용 시장이다. 올해 1월말 현재 1,400여 개 종목이 상장돼 있고, 새로운 기업의 IPO가 진행중이지만 외국인의 접근이 막혀 있다.

이 때문에 중국의 A시장에서 아무리 숨은 진주를 찾아낸다 해도 '그림의 떡'일 뿐이다.

하지만 ETF를 이용하면 외국인 신분으로도 중국 A시장의 투자가 가능하다. A시장에 상장된 종목을 추종하는 ETF가 홍콩 증시에 상장, 거래되고 있기 때문이다.

국내 증권사에서 해외주식 거래 업무를 담당하는 주연정 씨는 차이나 A50인덱스China A50 Index를 이용해 중국 내국인 전용 증시인 A시장에 투자했다. 평소 업무를 통해 얻은 정보를 투자로 연결시킨 것. 차이나 A50인덱스는 중국의 A시장에 상장된 종목을 추종하는 유일한 ETF다.

종목 코드가 '2823'인 차이나 A50인덱스는 바클레이 글로벌 인베스터스가 운용하는 ETF로, 상하이 A시장에 상장된 50개 종목이 편입돼 있다. 은행과 보험을 포함한 금융주와 부동산, 소재, 전기전자, 에너지, 음식료 등 다양한 섹터의 종목들이 포함돼 있다.

바클레이 글로벌 인베스터스가 제시한 자료에 따르면 이 ETF는 2004년 11월 상장 후 2007년 7월까지 277%에 달하는 누적수익률을 올렸으며, 당시 최근 1년 수익률은 175%를 기록했다.

간헐적으로 새 나오던 미국 부동산 시장의 서브프라임 모기지 부실 문제가 본격적으로 터지면서 미국은 물론, 세계 주식시장을 공포 속으로 몰아넣었다. 시장이 더 악화될 것이라는 관측이 연방준비제도이사회FRB 에서도 새나왔다.

부동산 가격의 하락에 적극적인 베팅을 원하는 투자자라면 SRS에 관심을 둘 만하다. SRS는 미국 부동산 가격의 움직임과 반대 방향으로 가격이 형성되도록 설계된 ETF다.

SRS는 미국의 부동산 리츠 지수인 다우존스 US 부동산 지수Dow Jones U.S. Real Estate Index를 반대 방향으로 추종한다. 즉 부동산 시장의 추세가 내리막길을 탈 때 수익을 낼 수 있는 구조다.

약 6개월 전에 출시된 SRS는 아멕스American Stock Exchange(아메리카 증권거래소)에서 거래된다. 또 SRS가 추종하는 다우존스 US 부동산 지수는 부동산 시장의 전반적인 가격 흐름을 반영할 만큼 대표적인 지수로 알려져 있다.

남들보다 발 빠른 정보로
틈새시장을 공략하라

증권이라고 하면 흔히 주식을 떠올리는데 주식
은 증권의 한 종류일 뿐이다. 유가증권에는 주식뿐 아니라 채권과 수
익증권, 어음, 양도성 예금증서CD 등 다양한 형태의 상품이 존재한
다. 채권에도 회사채와 국공채, 교환 사채, 신주인수권부 사채, 전환
사채 등 여러 가지 종류가 있다.

외국계 보험회사에 다니는 박슬기 씨는 30대 초반의 대부분의 여
성들과 달리 관심사가 독특하다. 대부분의 투자자들이 기웃거리는 펀
드나 주식, 은행 예 · 적금이 아니라 드물게 채권 투자로 쏠쏠한 수익
을 올렸다.

"처음부터 채권에 관심이 있었던 것은 아니에요. 월급 이외에 생기

는 돈을 CMA에 예치했는데 1~2년 사이에 2,000만 원이 넘는 목돈으로 불어나니까 증권사에서 수도 없이 전화를 하는 거예요. 좋은 회사채가 있는데 그쪽으로 투자할 생각이 없냐고요."

바쁜 업무 시간에 한두 번 전화를 받았을 때는 귀찮아하며 다음에 하겠다는 말로 거절했다. 그러다 차츰 관심이 생겨 해당 증권사에 요청해 관련 자료를 받아보았지만 투자할 만큼의 매력을 느끼지 못했다. 우량채권 특판 상품으로 몇 개의 회사채가 소개되어 있었는데 투자 기간이 대부분 2년 내외로 길었고, 금리가 그리 높은 것도 아니었다.

특히나 회사채는 기업이 부도날 경우 휴지조각이 될 수도 있는 채권이기 때문에 두려움이 앞섰다.

그렇다고 2,000만 원이 넘는 돈을 연 4%대의 CMA에 묶어두고 싶지는 않았다. 투자처를 물색하던 중에 슬기 씨가 알게 된 것은 다름 아닌 전환 사채CB/convertible bond였다.

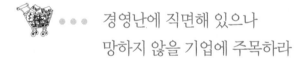 ● ● ● 경영난에 직면해 있으나
망하지 않을 기업에 주목하라

전환 사채는 채권과 주식을 절묘하게 결합한 상품이다. 당장은 채권의 모양을 하고 있지만 나중에 주식으로 바꿀 수 있어 '전환'이라는 이름이 붙었다.

"잘 고르면 안정적으로 금리를 받을 수 있고, 주식으로 전환해 주식 가격 변동에 따른 차익도 볼 수 있겠다는 생각이 들었어요. 은행 예금보다 수익률이 높은 것은 물론이고 웬만한 펀드보다 낫겠다 싶어 괜찮은 물건을 찾기 시작했죠."

슬기 씨의 말대로 전환 사채는 채권과 주식의 수익 구조를 모두 갖추고 있다. 하지만 잘 골라야 한다는 점이 중요하다.

일반 투자자에게는 아직 거리감이 느껴지는 상품이지만 투자 고수들 사이에서는 전환 사채로 대박을 본 경우가 적지 않다. 과거 현대건설과 LG카드 전환 사채에 투자한 사람들이 그러했다. 회사가 부도날 위험에 처해 사채 가격이 권면 가격인 1만 원을 밑돌았다. 이 전환 사채를 산 투자자들은 채권단 출자로 회사가 살아나면서 채권 가격도 오르고 주가도 올라 높은 수익을 올릴 수 있었다.

그러나 이런 성공 사례만 맹신하며 꼼꼼히 따져보지 않고 전환 사채를 사들였다가는 낭패를 볼 수도 있다.

전환 사채를 살 때는 무엇보다 재무적인 어려움이 발생해도 결과적으로 망하지 않을 기업에 투자해야 한다. 또 한 가지, 발행 회사의 주가가 적어도 전환 가격보다는 높게 올라갈 것이라는 확신이 있어야한다. 그래야 전환했을 때 차익을 얻을 수 있을 뿐 아니라, 전환 이전에도 사채 가격이 주가에 연동하여 상승할 여지가 있기 때문이다.

그런데 발행 회사의 주가가 바닥을 모르고 떨어지기만 하면 어떻게 될까. 전환 가격이 사채 발행 당시 정해지기는 하지만 주가가 큰 폭으로 떨어질 경우 전환 가격을 낮추기도 한다. 반면, 주가가 폭등했다고 해서 전환 가격을 올리는 경우는 드물다. 또 전환은 투자자가 원할 때 언제든 할 수 있는 것이 아니라 통상 사채 발행 후 3개월부터 만기 1개월 전까지 가능하다는 점도 알아두어야 한다.

 ● ● ● 잘못 고르면 휴지조각 될 수도 있다

종합하면 전환 사채 투자에 따른 결과는 세 가지 경우의 수를 생각할 수 있다. 만기까지 채권 형태로 보유해 약정 금리를 얻는 것과 주식으로 전환해 전환 가격과 시장 가격의 차액을 얻는 것이다. 그리고 최악의 경우는 회사가 망해 사채가 휴지조각이 되어버리는 사태이다. 이때 원금에서 손실이 발생하는 것은 당연한 일이다.

틈틈이 정보를 수집하던 슬기 씨는 한 증권사에서 발행한 전환 사채에 주목했다. 중소형 증권사이면서 중견 그룹에 속해 있는 회사였다.

"회사 신용등급이 BBB-로 낮은 편이고, 후순위채권이기 때문에 회사가 파산 위험에 처했을 때 선순위채권에 비해 변제 순서가 밀리는 점 등이 마음에 걸렸지만 부도날 기업은 아니라는 확신이 들었어요. 여태껏 보험과 저축은행, 증권사 등 여러 개의 금융 회사를 거느린 그룹의 계열사라는 점 때문에 망하진 않을 거라고 생각했죠."

사채 가격이나 전환 가격을 따져봤을 때 조건도 마음에 들었다. 당시 거래되는 사채 가격이 1만 원을 밑돌고 있었다. 결과적으로 기업이 망하지만 않는다면 손해 볼 일은 없다고 판단했다. 게다가 회사 주가가 이미 전환 가격보다 높은 상태에서 거래되고 있어 주식으로 전환해서 차익을 얻을 수도 있었다. 증권주가 시장 유동성에 따라 급등락 하는 경향이 있긴 하지만 역사적 고점과의 거리도 어느 정도 벌어져 있어 당시 주가 수준에서 오를 수 있는 여지가 보였다.

생각을 정리한 슬기 씨는 빠르게 행동으로 옮겼다. CMA에 넣어두었던 종자돈의 절반 이상을 점찍은 전환 사채에 투자했다.

결과는 만족스러웠다. 아직 만기가 남아 있고, 주식으로 전환한 상태도 아니지만, 그 동안 받은 이자와 채권 가격 상승을 감안하면 연 20%에 가까운 수익을 올린 셈이 되었다.

그러나 전환 사채 투자로 고수익을 올린 슬기 씨도 괜찮은 투자기회를 놓쳐 최근 가슴을 치며 후회한 일이 있었다. 깊이 생각하지 않고 흘려버린 정보인데 지나고 보니 '알짜' 였다는 생각이 머릿속을 떠나지 않았던 것.

 ● ● ● CB와 EB 차이는 기초 자산

"부도 위기에 처한 한 IT 기업이 교환 사채를 발행했다는 얘기를 들었는데 조금도 관심을 두지 않았어요. 진짜 망하게 생긴 기업에 누가 투자를 할까 생각했죠. 그런데 알고 보니 전환 사채와는 얘기가 다르지 뭐겠어요."

교환 사채EB/exchangeable bond와 전환 사채의 차이를 정확하게 파악하지 못한 데서 빚어진 일이었다. 교환 사채는 전환 사채와 마찬가지로 일정 기간 채권으로 보유한 후 주식으로 전환할 수 있는 구조를 지니고 있다.

하지만 전환 사채가 발행 회사의 주식을 대상으로 발행하는 반면, 교환 사채는 제3의 회사의 주식을 특정 금액에 전환해주는 조건을 달고 있다. 물론 2001년부터 교환 사채도 해당 기업의 주식으로 교환할 수 있게 되었지만, 슬기 씨가 놓친 채권은 이와 달랐다. 부도 위기에 놓인 발행사의 주식이 아니라 이 회사에 투자한 국내 한 대기업의 주식으로 전환할 수 있는 교환 사채였던 것이다.

따라서 교환 사채를 발행한 회사가 부도가 나고 청산되는 최악의 사태가 발생하더라도 대기업 주식으로 교환할 수 있는 권리가 보장되었을 터였다.

그러나 교환 사채가 제3의 기업의 주식과 바꿀 수 있다고 해서 100% 안전한 자산이라고 볼 수만은 없다. 일례로 지난 2003년 SK글로벌이 SK텔레콤 주식을 기초 자산으로 교환 사채를 발행했을 때 채권단이 교환 사채의 주식 교환을 일정 기간 금지시킨 일이 있었다. 회사가 부도나자 채권단이 기업의 가치를 보전하기 위해 자산과 부채를 동결시켰는데, SK글로벌이 보유한 교환 사채도 회사의 자산에 포함되기 때문에 동결할 수 있었던 것이다. 물론 이후 교환을 금지하기에 앞서 교환 청구를 할 수 있는 시간적 여유가 있었고, 금지했다가 다시 교환 청구를 허용하긴 했지만, 투자자 입장에서는 유동성이 제한된 데 따른 불이익을 입었다.

전환 사채와 교환 사채 모두 대안투자 수단으로 투자의 기회를 넓힌다는 측면에서 고려해볼 만한 금융 상품이다. 하지만 손실의 위험은 얼마나 되는지, 수익이 난다 해도 투자 매력이 충분한 것인지 따져보는 일은 필수이다.

해외 펀드, 꼼꼼한 선택이 수익률을 좌우한다

'중국 펀드 고수익 행진!'

2006년 심심찮게 신문에서 볼 수 있었던 헤드라인이다. 2005년이 국내 적립식 펀드가 절정을 이룬 해였다면, 2006년은 많은 투자자들이 해외 펀드로 눈을 돌린 해였다.

하지만 이런 신문기사 제목을 보면 가슴을 치는 문재선 씨. 학교 다닐 때 공부도 곧잘 했고, 회사에서도 똑 소리 나게 일 잘한다는 평가를 받는 재선 씨지만 재테크에는 잼병이다. 평소 맡은 업무나 대인관계, 옷차림에서도 감각이 떨어지지 않는다고 자부했는데 어찌된 영문인지 재테크는 늘 뒷북에 엇박자였다.

"2004년 11월에 입사하고는 은행 저축 상품에만 관심을 가졌어요.

처음에 4%를 간신히 넘는 적금에 가입했는데 새마을금고나 저축은
행 금리가 조금 더 높다고 하길래 새마을금고에 가서 적금을 하나 더
들었죠. 주식은 생각도 하지 않았어요. 그런데 적립식 펀드가 뜬다는
얘기가 매일같이 들리더니 주위 사람들이 엄청난 수익률을 올렸다고
들 하더군요. 은행 금리의 두 배가 넘는 10% 수익률을 내고도 펀드를
잘못 골랐다는 소리를 들을 정도였으니까요. 그래서 2006년 초 서둘
러 적립식 펀드에 가입했는데, 1년 동안 수익률이 2005년 은행 적금
으로 얻은 금리보다 낮은 겁니다. 2006년에 뜬 상품은 해외 펀드라지
뭐겠어요."

어쩌면 재테크 IQ가 이토록 낮을 수가 있을까 싶었다. 학교 다닐
때는 공부 잘하는 것이 돈 버는 길이라고 생각했는데 아무래도 돈 버
는 머리는 따로 있나보다. 주식은 위험하다고만 생각했고, 원금 보장
이 안 되는 펀드는 믿을 수가 없었다. 해외 펀드의 인기가 상종가를
칠 때도 해외 투자는 간 큰 사람들이나 하는 일이라고 생각했다. 국내
주식시장도 알기 힘든데 안방에 앉아서 해외 주식시장 정보를 얻으면
얼마나 얻는다고 만리타향에다가 피 같은 돈을 묻을까 싶었다. 평소
돈에 대한 욕심이 많은 것은 아니지만 트렌드를 잘 따르지 못해 고수
익의 기회를 놓쳤다고 생각하니 속이 쓰리다.

"사실 수익률 자체보다 다른 사람들보다 뒤처졌다는 생각 때문에
화가 났어요. 수익률 경쟁을 벌인 것은 아니지만 무슨 일이든 지기 싫
거든요. 그래서 이번에는 반드시 성공하리라 생각하고 해외 펀드를
골랐죠. 머피의 마법이나 지독한 징크스에 걸린 것이 아니라면 해외

펀드에 발을 들여놓자마자 수익률이 망가지는 일은 발생하지 않을 것
이라고 생각했어요. 해외 펀드에 비과세 혜택을 준다는 정부 발표에
너도나도 달려드는 것을 보면서 적어도 이번에는 혼자 소외되지는 않
겠다 싶었어요."

 ● ● ● 좋은 운용사 선택이 수익률 관건

해외 펀드 정보를 수집한 재선 씨는 적잖게 놀랐다. 우선 언제 이렇게
많은 펀드가 쏟아졌는지 수를 헤아리기 힘들었다. 주식형이나 채권형
뿐 아니라 부동산이나 유전, 금광 등에 투자하는 각종 실물 펀드에,
투자 지역도 가까운 아시아 국가부터 유럽 선진 증시까지 펀드 유형
이 한두 가지가 아니었다. 상품을 하나하나 뜯어보고 신중을 기해 투
자하리라 마음먹었던 재선 씨는 그렇게 하다가는 버스를 놓치기 십상
이라는 결론을 내렸다.

"남들이 달려갈 때 혼자 기어갔는데 그래도 2년 남짓 저축한 돈이
2,000만 원이 되었더군요. 이 중에서 1,500만 원을 해외 펀드에 투자
하기로 했죠. 채권과 주식은 물론이고 부동산, 유전개발, 선박, 농산
물 등등 투자하는 자산이 굉장히 다양하고, 심지어 펀드에 투자하는
펀드까지 나왔더군요. 일단 역내펀드 중에서 주식형 펀드를 고르기로
결심했어요. 비과세 혜택이 다른 실물에는 없고 주식에만 있다고 해
서요."

재선 씨는 역내 펀드에 대해 3년 동안 한시적으로 비과세 혜택을 준다는 정부의 방안이 발효된 시점에 펀드에 가입했다. 역외 펀드에도 비과세 혜택을 주는 방안이 검토되고 있다는 얘기가 들렸지만 마냥 기다릴 수는 없었다. 또 역외 펀드와 달리 역내 펀드의 경우, 환헤지에 신경 쓰지 않아도 된다는 점이 마음에 들었다.

국내 자산 운용사가 설정, 운용하는 역내 펀드는 원화로 투자된다. 따라서 별도의 수수료를 내고 선물환계약을 체결해 환율 변동 위험을 회피할 필요가 없다. 반면, 해외 운용사가 국내에서 자금을 모아 운용하는 역외 펀드는 원화를 달러화로 바꾸어서 투자하는데, 달러화 가치가 하락할 경우 운용 수익이 나도 환율 변동을 감안해보면 전체 수익이 줄어들거나 마이너스 수익을 낼 수도 있다.

"역외 펀드는 비과세 혜택이 없어 수익에 대해 15.4%의 세금이 부과되고 환율 위험에 노출된다는 점 때문에 투자를 꺼리게 되더군요. 환헤지 비용뿐 아니라 판매 보수와 선취수수료 때문에 전체 수수료 비용이 역내 펀드보다 높은 것도 마음에 안 들었어요."

실제로 세금과 각종 비용 때문에 역외 펀드에 가입한 투자자 중에는 펀드 계좌에 찍힌 수익과 실제로 손에 쥔 수익이 달라 실망한 경우가 적지 않다.

큰 고민 없이 주식형 역내 펀드에 투자하기로 한 재선 씨는 투자 지역을 놓고 한동안 고심했다. 2006년 고수익을 올린 지역은 중국과 인도라는데 2007년 새해 벽두부터 과열을 경고하는 의견이 나오는가 싶더니 수익률이 급락했다는 소식이 들렸던 것. 2007년 중국과 인도 증시가 급락하지 않는다 해도 수익률이 예전만 못할 것이라는 우울한 전망도 들려왔다. 자칫 잘못 하다가는 2년 동안 뒷북을 친 전철을 다시 밟게 될 수도 있을 것 같아 여간 고민스럽지 않았다.

"3년 동안 같은 실수를 되풀이할 수는 없잖아요. 삼세번이라는 말이 이럴 때 적용되면 완전 우울한 거죠."

그래서 선진국과 이머징마켓에 고르게 분산하기로 했다. 다음은 운용사. 사실 비과세 혜택보다 더 중요한 것이 실력 있는 운용사를 찾는 일이다. 특히나 해외 펀드의 경우, 리서치와 운용을 위해 탄탄한 인력을 갖추고 있는지를 반드시 따져야 한다. 또 과거의 수익률이 미래 수익률을 담보하지는 않지만 꾸준히 상위권을 지키는 운용사를 선택하는 것이 리스크를 낮추는 방법이다. 신문 광고에 많이 오르내리는 펀드나 증권사 창구에서 권하는 펀드에 '묻지마 가입' 하는 것은 금물이다. 수탁고가 고무줄처럼 늘었다 줄었다 하는 운용사도 피하는 것이 좋다.

"운용사가 투자 철학을 가지고 있는지 살피라고 하는데 그 부분까지 챙기기는 사실 힘들었어요. 그래서 최장기 펀드의 수익률이 안정적인지, 펀드 규모가 꾸준히 늘고 있는지 두 가지를 보고 선택했어요. 과거 최고수익률보다 장기간 상위권을 지키는 운용사가 진짜 실력 있는 회사라고 하더군요."

이머징마켓 펀드는 중국과 인도가 여전히 주류를 이루는 가운데 러시아를 포함한 동부 유럽에 투자하는 상품도 있었다. 재선 씨는 과열 논쟁이 있지만 중국과 인도에 투자하기로 했다. 베트남은 회사 업무 때문에 자주 드나드는 친구에게서 1970년대 우리나라처럼 사람들이 근면하게 일하고, 뭔가 역동성이 느껴지더라는 얘기를 전해 들었지만, 시장 규모가 작고 중국만큼 본격적인 성장 궤도에 오른 것이 아니라는 생각에 관련 상품에 손이 가지 않았다.

"국내 한 증권사에서 판매하는 아시아 펀드가 마음에 들었어요. 인도와 중국, 일본에 투자하는데 대표적인 이머징마켓에 투자하는 동시에 선진 시장도 포함되어 있으니까 안정적일 것 같았어요. 상장지수펀드ETF와 우량주에 투자한다는 점도 구미가 당기더군요. 선진국 증시에 투자하는 펀드는 다른 증권사 상품을 골랐어요. 미국, 유럽, 일본에 투자하는 펀드인데, 올해는 고수익이 이머징마켓에서만 나는 것이 아니라 선진국 시장에 투자하는 펀드도 성적이 훌륭하다고 하잖아요. 선진국 중에서도 유럽에 투자하고 싶었는데 역내 펀드 중에서는 유럽에 투자하는 펀드를 찾기 쉽지 않았어요."

 ● ● ● 다음 기회를 위해 종자돈 남겨둬야

종자돈의 75%를 해외 증시에 투자한 재선 씨는 나머지 500만 원을 당분간 현금으로 보유하기로 했다. 우선 하루만 넣어도 연 4%대의 이자를 부여하는 CMA 통장에 묻어두었다.

"나중에 정말 좋은 상품이 나왔는데 현금이 없으면 투자 기회를 놓치게 되잖아요. 그래서 어느 정도 현금을 보유할 필요가 있다고 생각했어요. 빨리 투자할수록 수익률이 높은 것도 아니고요. 사실은 혼자 깨달은 것이 아니라 어느 책에서 본 내용이에요."

재선 씨가 읽었다는 책은 《월스트리트 최고의 투기꾼 이야기》다. 이 책에서 제시 리버모어는 몇 가지 투자 원칙을 제시했는데, 그중 한 가지가 자금 관리에 관한 것이다. 얘기인즉, 항상 종자돈을 가지고 있어야 한다는 것. 현금이 없으면 기회도 없기 때문에 언제나 밑천을 가지고 있어야 한다는 얘기다.

이 밖에 리버모어는 투자를 할 때는 들어갈 때와 나갈 때, 즉 시기를 잘 판단하는 일이 중요하며 자신의 감정을 통제할 수 있어야 한다는 말을 전했다.

국내 주식형 펀드를 1년 만에 환매한 경험을 가진 재선 씨는 이번에는 최소한 3년 동안 장기 투자하기로 결심했다. 무엇보다 투자 자산이 주식에 집중되긴 했지만 세금과 환율 문제, 운용사와 투자 지역 선정까지 신중을 기해 결정했기 때문이다. 또 이머징마켓의 경우, 단기적인 시장 변동성이 크고 불확실성도 높지만 장기적인 성장 가능성을 믿는다고 말하는 재선 씨에게서 강한 확신이 묻어났다.

6

내집 마련을 위한
역발상 부동산 전략

내 집 마련,
남자 몫으로 남겨두지 마라

배우자감을 찾는 조건으로 '남자는 능력, 여자는 외모' 라는 공식은 깨진 지 오래다. 남성은 넘치는 뱃살로부터 자유롭기 힘들고, 여성의 미모도 능력이 뒷받침될 때 더욱 빛을 발하는 세상이다. 특히 돈을 요리할 줄 아는 능력은 여성의 경쟁력을 크게 향상시키는 부분이다. 수입을 현명하게 관리하고 슬기롭게 불리는 경제 감각을 갖춘 여성이 인기 신붓감으로 자리매김했다. 실제로 부인의 적극적인 베팅으로 부동산 투자에 성공한 사례가 적지 않다.

물론 경제 감각은 결혼시장에서 몸값을 높이기 위한 요건으로 의미를 갖는 것만은 아니다. 싱글의 삶을 더욱 풍요롭게 설계하는 데도 금융 감각은 필수적이다.

●●● 불확실한 미래를 준비하는
싱글 여성의 아파트 재테크

강진아 씨가 친구들 사이에 1등 신붓감 소리를 듣게 된 것도 탁월한 투자 감각이 한몫했다. 스튜어디스가 불러일으키는 이미지뿐 아니라 서른두 살의 나이에 99㎡(30평)대 아파트를 소유했다는 사실이 진아 씨에게 부러움의 시선이 집중되는 이유다. 진아 씨가 두 배 가까이 뛰어오른 아파트를 안고 팔까 말까 행복한 고민에 빠진 사실이 알려지자 직장 선배들은 행여나 '불량주부'를 꿈꾸는 백수건달이 접근할까 강력하게 경계해야 한다며 한바탕 수선을 떨기도 했다.

"아파트를 구입하기로 하고, 계약서에 도장을 찍는데 얼마나 떨렸는지 몰라요. 내 집이 생긴다는 생각에 세상을 다 가진 것처럼 기뻤지만 한편으로는 이게 정말 잘 하는 일인지 불안감을 떨칠 수가 없더군요. 계약 전후로 한 달가량은 밤잠을 설칠 정도였어요."

2004년 7월, 경기도 용인의 105.6㎡(32평)짜리 아파트를 구입했을 때 머릿속을 어지럽히던 복잡한 감정들은 이제 기분 좋은 추억거리다. 급매물을 잡아 2억 2,000만원에 매입한 아파트는 매도 호가가 5억 원을 넘어선 지 오래다.

봇물처럼 터져나온 정부의 부동산 억제책에 거래와 가격 상승세가 주춤해지자 진아 씨는 불안한 마음에 부동산을 찾았지만 업계의 반응은 여전히 낙관적이었다. 주변 지역에 개발 호재가 남아 있고, 무엇보다 지하철이 개통되면 한 차례 더 가격 상승이 나타날 것이라는 것.

"사실 재테크를 생각하고 아파트를 산 건 아니에요. 직장 생활에 정신없이 지내다 보니 어느새 나이가 30줄을 넘었지 뭐겠어요. 생각하자니 갑갑했어요. 마흔 살 이후에도 직장 생활을 계속할 수 있을지 안심하기도 힘들고, 그렇다고 경제적으로 기댈 수 있는 남편이 있는 것도 아니고. 그래서 결심했죠. 좀 무리를 해서라도 아파트를 사야겠다고요. 으레 집은 결혼할 때 남자가 마련한다고 하지만 그냥 안이하게 있자니 불안했어요. 만에 하나 독신으로 살더라도 스스로 생활을 책임질 수 있는 장치가 필요하다는 생각이 들었어요. 여성 평균 수명이 80세라는데 늙어서 가난하면 얼마나 비참하겠어요."

진아 씨가 내집 마련의 종자돈으로 마련한 자금은 1억 원. 처음부터 아파트가 목적은 아니었다. 그저 서른 살까지 1억 원을 모아보자는 목표를 세웠고, 흔들림 없이 계획을 실천한 것이 지금의 결과를 가져왔다.

젊은 나이에 1억 원을 모았다고 하면 대단한 재테크 비법이 있었을 것 같지만 그렇지도 않다. 주식이나 펀드로 대박을 낸 것도 아니다.

2000년 가을, 첫 월급을 받자마자 근로자우대저축과 주택청약저축에 가입했다. 연 10% 고정 금리에 세금우대 혜택까지 포함된 상품이었다. 연봉이 오르는 속도에 맞춰 통장도 하나 둘씩 늘렸다. 소득공제 혜택을 받자는 생각에 청약저축과 별도로 장기주택마련저축 통장을 만들었고, 조금이라도 금리가 높은 상품을 찾아 새마을금고와 상호저축은행에 정기적금을 들었다.

그렇게 1억 원을 모았지만 대출 없이 아파트를 장만하기란 꿈도 못꿀 일이었다. 은행 대출과 전세까지 동원한 아파트 투자가 결코 편안한 마음으로 결정할 수 있는 일은 아니었다.

"은행 적금밖에 모르고 있다가 처음으로 '지른' 것이 대박을 냈으니 운이 좋았죠. 잠시 미쳤었다는 생각도 들어요. 실제로 아파트를 알아보고 다니던 3~4개월 동안은 날마다 각종 부동산 사이트를 이 잡듯 뒤졌고 모든 주말과 공휴일을 경기도 일대를 탐문하는 데 올인할 만큼 푹 빠져 있었어요."

하지만 사회에 첫발을 내디딘 20대 여성들에게 진아 씨가 건네고 싶은 조언은 '때를 보다가 적절한 기회가 생기면 질러야 한다'는 것이 결코 아니다.

"무엇보다 자기 절제예요. 남들 하는 만큼 잘 입고 좋다는 곳으로 여행 다니면서 부자 되기를 꿈꾸면 안 되죠. 미래에 대한 설계는 빠를수록 좋다고 생각해요. 물론 장기적인 안목을 가지고 재테크 계획을 세우는 데 소홀해서는 안 되죠. '혼테크' 잘 해서 현모양처로 살겠다고 결심한 것이 아니라면 말이에요. 세상을 당당하게 살기 위해 필요한 요건 중 빠뜨릴 수 없는 부분이 경제력이거든요."

누구나 부자가 되고 싶어하지만 부자가 되기 위해 행동하는 사람은 드물다. 아끼고 저축하는 것은 물론, 어디에 투자하면 수익률이 높을 것이라는 확신을 가지고 있을 때도 적극적으로 나서지 않는다. 진아 씨가 부동산 투자로 1등 신붓감 소리를 듣게 된 것은 원칙을 독하게 실천하고 적극적인 투자에 나섰기 때문이다.

송년회 겸 오랜만에 친구들과 뭉친 자리. 화기애애했던 분위기가 한 풀 꺾이는가 싶더니 하나 둘씩 씁쓸한 표정을 짓기 시작한다. 술이 들어가는 속도가 빨라진다.

"얘기 들었어? 걔 이번에 판교 청약도 당첨됐다나 봐."

"진짜야? 몇 평이래?"

"글쎄? 몇 평인지는 모르겠는데 평수가 문제겠어. 로또에 걸렸다는 게 중요하지."

"웬일이니. 완전 1등 신붓감 아냐."

"왜 아니겠어. 5억 원을 호가하는 아파트에 판교 당첨이라는데 어지간한 단점은 용서받을 만한 조건 아니겠어."

"어휴!"

맥주잔을 내려놓으며 이헌진 씨가 자그마하게 한숨을 내쉰다. 그래도 지금까지 시집 잘 갔다고 자부했는데 고교 시절 친구인 정지민 씨 얘기를 듣는 날이면 우울해진다. 집에 들어가면 남편을 또 한 차례 몰아세우게 될 것 같다.

자고 나면 아파트 가격이 뛰고 서울 전 지역이 투기지역이 되어버린 사이 정지민 씨는 자연스레 화제의 주인공이 되었다. 대출을 받아 죽전에 산 아파트 가격이 두 배 이상 올랐다고 한다. 그렇잖아도 부러움을 주체할 길이 없는데 판교 당첨까지 됐다니 이게 될 소리인가.

"너무 좋겠다!"

"그치. 밥 안 먹어도 배부를 것 같지 않냐."

"지민이가 원래 그런 쪽에 관심이 많았어? 결혼도 안 하고 있더니 그런 재주가 있는 줄 누가 알았겠어."

"그러게, 정말이지 운도 좋아."

얘기가 끝날 줄 모른다. 살짝 기분이 상한 헌진 씨가 더 듣기 힘든 모양이다.

"자, 그만하고 한 잔씩들 하지? 우리가 언제부터 아파트에 목숨 걸었다고."

"하하! 그래 마셔라. 원래 배고픈 건 참아도 배 아픈 건 참기 힘들 거든."

같은 직장의 1년 선배와 결혼한 헌진 씨는 경기 북부의 82.5m²(25평대) 아파트에서 전세를 살고 있다. 그나마 전세금 8,000만 원도 일부 대출을 받아 마련했다. 고만고만한 연봉에 입사한 지 2년, 3년차 되던 해 결혼을 하자니 첫 출발이 그리 넉넉하지 못했다. 부모님에게 도움을 청하기도 싫었고, 양쪽 집안 모두 집을 마련해줄 형편도 아니었다.

결혼하기 전이나 후나 그 흔한 청약통장 하나 만들지 않았다. 취업하자마자 연애하느라 재테크에는 신경 쓸 겨를이 없었다. 변변한 적금통장 하나 없이 결혼했는데 부동산에 투자할 생각을 했을 리 만무하다.

남편도 크게 다르지 않았다. 금리를 따져서 저축은행 적금에 가입한 것이 나름대로 성의를 보인 결혼 준비였다. 저축까지는 생각이 미쳤지만 주식이든 부동산이든 투자에는 관심을 갖지 않았다. 씀씀이도 큰 편이고 사람들 사이에서 약은 짓을 못하는 성격인지라 여러 모로 돈이 모이기 힘들었다. 최근에야 주가가 천정부지로 뛰어오른다는 얘기를 듣고 적립식 펀드에 가입하는 것으로 투자의 세계에 겨우 한쪽 발을 들여놓았다.

뻔하다. 남편에게 투덜대봐야 '나한테는 너랑 결혼한 게 판교 당첨이야' 라는 말로 슬그머니 빠져나가려고 할 것이다. 그런 사탕발림에 감격하는 것도 한두 번이지 이제 그 말에 속이 터질 지경이다. 점점 감성이 얇아지는 것 같아 씁쓸하기는 하지만 그래도 현실은 현실이다.

"너네도 집 장만하지 그래. 요즘 다들 대출 받아서 사잖아. 우리같이 간이 생기다 만 사람들이나 대출 받는 걸 겁내지 어차피 모아서 사는 건 불가능해."

"맞아! 대출도 둘이 벌 때 받아야 돼. 너 직장 그만두고 싶어하잖아. 애도 있는데 남편 혼자 벌어서는 대출이고 집 장만이고 물 건너가는 거야."

친구들이 또 부추기기 시작한다. 정말 무슨 수를 내야 할 것 같다. 지금 와서야 진즉에 내집 장만을 생각하지 않았던 것이 후회막급이다. 집 장만은 결혼할 때 남자가 당연히 하는 일인 줄로만 알았다. 재테크도 남편이 하자는 대로 따르기만 하면 될 줄 알았다. 그런데 거기서부터 실타래가 꼬이기 시작했던 것이다.

헌진 씨뿐만이 아니다. 개인 재무 컨설턴트의 말을 들어보면 미혼 여성들 중 상당수가 결혼할 때 집은 남자 몫이라는 생각으로 부동산에 관심을 두지 않는다.

대출 상환에 허리띠를 졸라매는 것도, 부동산 과열에 동조하는 것도 싫어 전세살이를 하며 여유 자금으로 다른 재테크를 하자고 생각했다가, 결국에는 내집 장만이 일생 동안의 재무 설계에 필수라는 결론을 뒤늦게 얻게 되는 경우도 적지 않다. 아무리 잘 굴려도 집값 상승을 따라잡기는 힘들더라는 얘기다.

아파트가 어디 보통 고가 상품인가. 부동산 가격이 천정부지로 오른 현실을 무시하고 집 장만은 남자 책임이라는 전통적 사고를 언제까지 고집할 수는 없다. 일정 부분이라도 힘을 보태면 남들보다 좀더 유리한 출발선에서 시작할 수 있다.

싱글 여성의 내집 마련 전략

싱글 여성이 독립을 선뜻 결정하지 못하는 이유는 크게 두 가지다. 우선은 부모의 반대다. 슬쩍 분가할 뜻을 비치기만 해도 날벼락이 떨어진다. 출퇴근이 힘들다고 어려움을 호소해도 소용없다. 한 달에 택시비를 수십만 원 쓴다 해도 이유가 되지 않는다.

다른 한 가지는 재테크다. 일단 독립하면 안 써도 될 돈을 써야 하기 때문이다. 당장 필요한 주택 마련 자금을 비롯해 각종 공과금에 먹을거리, 또 생필품은 어디 한두 가지인가. 부모 그늘을 벗어나는 순간부터 한 달에 평소 쓰는 용돈보다 40만~50만 원은 더 새 나간다고 봐야 한다.

하지만 싱글 여성이 언제까지나 독립을 미룰 수는 없다. 생활 자금을 아끼는 데 만족하고 안주할 것이 아니라 더 큰 기회를 적극적으로 모색해야 한다.

서른두 살의 나이에 용인의 99m²(30평)대 아파트를 소유한 강진아 씨는 사회에 첫발을 내딛은 20대 여성들에게 이렇게 조언한다.

"미래에 대한 설계는 빠를수록 좋아요. 재테크 계획을 세우는 데 장기적인 안목은 무엇보다 중요해요. 세상을 당당하게 살기 위해 필요한 요건 중 빠뜨릴 수 없는 부분이 경제력이고, 내집 마련은 가장 중요한 기초 공사라고 볼 수 있어요."

 ● ● ● 전세도 나중에 살 동네에서 구하라

필자에게는 결혼 후 3억 원이 넘는 자금으로 대치동 아파트에 전세를 얻어 신혼집을 꾸린 후배가 있다. 그만한 돈이면 강북의 아파트를 매입하기에 충분한데 왜 굳이 집값이 비싼 곳을 찾아 전세살이를 하는지 의아했다. 후배의 대답인즉, 처음 터를 잡는 동네가 결국 뿌리를 내리는 곳이 된다는 것이었다. 장차 강남 노른자위에 살고 싶은데 지금은 주머니 사정이 여의치 못하니까 잠시 다른 동네에 살자는 생각으로 시작하면 강남 입성은 실현되기 어렵다는 얘기다.

생각해보니 일리가 있었다. 굳이 '눈에서 멀어지면 마음에서도 멀어진다'는 속담을 상기하지 않더라도 현실적으로 가까이 살아야 시장 정보를 얻거나 급매물을 얻는 행운을 줄 수 있기 때문이다.

2006년 말, 쌍춘년이 다 가기 전에 서둘러 화촉을 올린 김수미 씨도 그런 경우다. 국내 S그룹에서 근무하다 사내 커플로 결혼에 골인한 수미 씨는 남편과 의논 끝에 서초구에 전세를 얻기로 결정했다. 당시 전세 자금은 3억 4,000만 원.

강남을 벗어나면 자가 주택에서 신혼을 시작할 수도 있을 뿐 아니라 집값이 오르면 투자 수익을 얻을 수도 있지만, 수미 씨는 기회비용에 관심을 두지 않았다.

"부동산도 결국 정보 싸움이에요. 돈 되는 정보를 얻으려면 해당 지역에 실제로 거주하는 것만큼 좋은 방법이 있겠어요. 시세 흐름도 살펴야죠, 어디 급매물이 나오지 않았나 항상 안테나도 세우고 있어야죠. 이런 정보를 부동산 중개소에서 아무한테나 주겠어요. 그러니 내 집을 장만하려고 생각한 동네에 들어가 소식통과 친분도 쌓고, 정보도 얻어야죠. 그뿐만이 아니에요. 왜 남자보다 여자가 부동산 투자에 강한지 아세요? 부동산 가격을 좌우하는 요소에는 편의 시설이나 학군 같은 문제가 차지하는 비중이 크기 때문이에요. 실 거주를 하지 않으면서 이런 문제를 손바닥 들여다보듯 알기는 어려워요."

 ● ● ● 대출 비중은 40% 이내로 하라

강진아 씨가 아파트를 매입할 때만 해도 은행의 주택 담보 대출 경쟁이 대단했다. 은행들은 신도시의 대단지 아파트에 앞 다퉈 지점을 열고, 부동산 업체와 연계해 고객 확보에 열을 올렸다.

한 시중 은행에서는 진아 씨에게 아파트 매매가의 70%까지 대출해 줄 수 있다고 했다. 하지만 진아 씨는 대출에 있어서는 특히 신중을 기했다. '집을 살 때 대출금이 40%를 넘지 않도록 하라' 는 선배들의 주의가 많았던 때문이다. 그래서 결국 일부만 대출을 받고 부족한 부분을 전세금으로 충당하여 99㎡(30평)대 아파트를 구입했다. 그녀는 굳이 대출을 받아서 99㎡대 아파트를 살 필요가 있느냐는 질문도 많이 받았다.

"작은 아파트를 샀으면 대출금을 더 줄일 수도 있었겠지만 66㎡(20평)대 아파트는 거래가 잘 안 돼서 팔고 싶을 때 애먹을 수 있다고 하더군요. 그래서 무리가 되긴 했지만 105.6㎡(32평)짜리를 사기로 했죠. 빚을 졌다는 생각에 불안하기도 했지만 요즘 백 퍼센트 자기 돈 가지고 집을 사는 사람이 어디 있나요? 계약할 때 알게 된 사실인데 이전 주인도 자기 자본 2,000만 원으로 그 아파트를 소유하고 있었더군요. 부동산 업자 말로는 전 주인이 1억 7,000만 원에 청약을 받았다는데 전세 8,500만 원에 나머지는 모두 은행 대출이었어요. 2,000만 원을 투자했는데 2년도 되지 않아 5,000만 원을 번 셈이죠."

가격이 오르긴 하겠지만 3억 원을 넘기는 어려울 것이라고 생각하고 산 아파트가 5억 원 이상 호가된다니 밥 안 먹어도 배부르다는 진아 씨.

단지 운이 아니었다. 아끼고 저축하는 것은 물론이고 치밀한 계산

끝에 수익이 확실시되는 투자 자산을 포착했고, 자신의 판단을 실행으로 옮겼다. 진아 씨는 아파트를 알아보고 다니던 3~4개월 동안 날마다 부동산 정보 사이트를 이 잡듯 뒤졌고, 주말과 공휴일이면 경기도 일대를 탐방하는 데 모든 시간을 바쳤다. 시간과 비용을 들여 부동산 투자 강연회를 쫓아다닌 것도 투자 감각을 기르고 돈 되는 정보를 수집하는 데 크게 기여했다.

 ••• 때로는 역발상이 필요하다

세상사를 항상 남들과 똑같이 할 수는 없다. 다수가 가는 길이라고 해서 반드시 정답이라고 단정 지을 수도 없다. 돈을 벌고 모으고 쓰는 일도 마찬가지다. 원칙이 있지만 절대적인 것은 아니다. 그보다 개인적으로 처한 상황과 투자 성향에 맞게 하는 것이 더 중요하다.

재테크의 가장 기본적인 원칙은 빚을 없애는 것이라고 생각하는 것이 일반적이다. 레버리지를 활용해 투자 수익을 낼 수도 있지만 투자자산을 획득하는 것 이외에 금융 비용을 지불해야 하는 빚은 재테크의 독이라는 것. 하지만 때로는 역발상이 필요하다. 박성은 씨도 극약 처방으로 자산 증식을 위한 토대를 마련할 수 있었다. 돈을 모으려고 전세금 대출을 받았다는 성은 씨의 이야기를 들어보자.

입사 2년차인 박성은 씨의 은행 대출금은 4,000만 원. 연봉의 두 배에 가까운 대출금을 갚으려면 아무리 아껴도 3년 가까이 걸릴 것 같다. 그래도 결정을 후회하지 않는다는 성은 씨.

"대학 입학 후 대구에서 올라와 3년 동안 학교 근처에서 자취를 했어요. 보증금 1,000만 원에 월세 27만 원을 냈는데, 졸업하기 전에는 부모님한테 의존했죠. 다행히 일찍 취업을 했지만, 취업하고 나서 한 달에 적지 않은 돈을 월세로 내려니까 밑 빠진 독에 물 붓기나 마찬가지더군요."

성은 씨는 가뜩이나 넉넉하지도 않은 월급인데 월세를 내고 나면 마음 한 구석이 공허해지는 듯했다. 문제는 또 있었다. 돈을 벌기 시작하자 셋이나 되는 동생들이 손을 벌리기 시작한 것. 집안이 경제 형편이 여의치 않다는 것을 아는 동생들은 부모에게 말하기 미안한 것들을 성은 씨에게 기대려고 했다.

"옷이 필요할 때나 용돈이 떨어질 때면 전화해서 손을 내밀어요. 아양을 떨기도 하고 우는 소리를 하기도 해요. 나중에 취업하면 다 갚아주겠노라고 다짐도 해요. 처음에는 들어줬어요. 그런데 갈수록 감당이 안 되는 거예요. 나중에는 둘째 동생이 휴대 전화를 구입하고는 요금을 내 통장에서 빠져나가게 해놨는데 한 달에 요금이 10만 원 가까이 나오지 뭐겠어요. 나중에는 어머니도 집안에 필요한 살림살이를 마련할 때면 번번이 지원을 요청하는데 감당하기 벅찰 지경까지 이르렀죠."

취업하고 1년 동안은 급여 이체 통장 이외에 다른 통장을 만들 수가 없었다. 가족들 민원을 처리하고 자신이 쓴 카드 결제까지 하려니 나중에는 마이너스 통장이라도 만들어야 할 상황이었다.

이대로는 안 되겠다 싶었다. 직장 선배들은 하나같이 집부터 전세로 옮기라는 조언을 했다. 매달 월세로 나가는 돈이 적은 액수도 아닌데다 그대로 사라져버리지만 그 돈을 적금이나 펀드에 가입해서 장기간 불입하면 쏠쏠한 종자돈을 모을 수 있다고 일러주었다. 성은 씨는 당장 전세금을 마련할 돈이 없다는 말에 대출을 받으라는 선배들의 충고를 받아들이기로 했다. 대출을 받으면 이자를 내야 하지만 대출원금을 상환하고 나면 내 돈이 되고, 연말에는 소득공제 혜택도 받을 수 있으니 월세를 내는 것보다 낫다는 말에 공감할 수 있었다.

 ••• ## 대출 금리는 최대한 낮게 하는 것이 기본

통근 거리가 적당한 곳에 전세를 얻기 위해서는 적어도 5,000만 원이 필요했다. 마음에 드는 방을 찾고 대출을 받으려고 은행 몇 곳을 기웃거려봤지만 쉽지 않았다. 직장인 신용대출은 10% 이하의 금리로는 찾기 힘들었다. 전세를 담보로 해도 대출 금리가 만만치 않았다. 고민 끝에 아버지에게 도움을 청했다. 대구의 집을 담보로 대출을 받는 것이 금리를 최대한 낮출 수 있는 방법이라고 생각했다.

아버지의 도움으로 6%대 금리로 4,000만 원을 대출받아 집을 옮겼다. 대출금은 원리금 분할 상환으로 3년 동안 갚기로 했다.

사회에 발을 들여놓자마자 빚을 졌다는 생각에 쏠쏠하고 불안했지만 예상했던 효과가 나타났다. 집을 옮긴 후 세 동생들에게 이제 빚쟁이가 되었음을 선포했더니 지원 요청이 거짓말처럼 사라진 것. 매 달 대출 원리금을 내고도 적립식 펀드에도 가입할 수 있는 여유도 생 겼다.

"주식시장이 워낙 활황이라 여유가 생기는 대로 펀드 가입을 늘리 고 싶은 욕심이 생겼어요. 하지만 한 달 생활비를 최소 수준으로 줄여 놓은 상태이기 때문에 여유 자금이 전혀 없으면 곤란할 것 같았죠. 대 신 연말 같은 때 생각 못했던 성과급이 생기면 쓰지 않고 CMA 통장 에다 넣어두었어요."

새는 돈을 막으려다 보니 투자 원칙과 어긋나는 길을 택했지만 전 혀 잘못된 결정은 아니었다. 또 덕분에 월세에서 전세로 갈아탔으니 재테크의 한 가지 공식은 충족시킨 셈이다.

싱글이라고 해서 내집 마련에 해당 사항이 없다고 생각하면 곤란 하다. 오히려 싱글일 때 경제적인 문제에서 어느 정도 자유롭고 시간 적인 여유도 많으니 미리 준비해두는 것이 좋다. 부동산 투자를 결혼 이후의 일이라는 생각은 이제 벗어던지자. 그리고 내집 장만의 꿈을 이루는 데 정해진 시간표는 없다.

집 없어도 부동산의 흐름은 놓치지 마라

국내 주식은 단 한 종목도 갖지 않은 채 중국 주식으로 총 200% 이상의 고수익을 낸 투자자를 만난 일이 있다. 30대 후반의 여성인 그는 인터뷰 제안을 정중하게 거절하고는 자신의 투자 전략 중 가장 핵심적인 부분이라며 몇 가지 노하우만 알려주었다.

그 중 한 가지가 시뮬레이션이다. 실제 자금을 투입하지 않더라도 마음이 끌리는 주식에 모의 투자를 하고, 더 나은 전략을 끊임없이 고민한다는 것.

부동산도 마찬가지다. 당장 부동산에 투자하기에는 종자돈이 턱없이 부족할 수도 있고, 재무설계 일정상 내집 마련 목표 시기를 먼 훗

날로 정해놓을 수도 있다. 하지만 당장 투자 계획이 없다고 해서 완전히 관심을 꺼버리면 곤란하다. 중국 주식으로 종자돈을 두 배 이상 불린 투자자처럼 관심의 끈을 놓지 않고, 혼자만의 모의 투자를 하는 것이 실전에서도 강해질 수 있는 묘책이다.

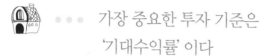

가장 중요한 투자 기준은 '기대수익률' 이다

당차고 도시적인 외모의 이인선 씨(28세)는 투자 성향도 상당히 공격적이다. 카드사에서 3년 동안 일한 인선 씨는 또래 여성들과는 투자자산을 물색하는 영역이나 관심의 깊이에서 큰 차이를 보인다.

인선 씨가 욕심을 내는 투자처는 다름 아닌 땅이다. 땅 투자는 이미 내집 장만을 하고도 여윳돈을 가진 사람들이나 마음을 내는 것으로 생각하는 것이 일반적이지만 부동산 투자에 순서가 따로 없다는 것이 인선 씨의 주장이다.

인천에서 태어나고 자란 인선 씨는 직장과 가까운 신촌의 조그마한 오피스텔에 둥지를 틀었다. 땅 투자에 대한 인선 씨의 뜨거운 관심을 잘 아는 친구들은 아파트부터 장만하라고 충고하지만 귀에 들어오지 않는다. 앞으로 부동산 투자의 기회는 아파트가 아닌 토지에 있다고 굳게 믿는 인선 씨는 종자돈을 불려 해외 부동산까지 넘볼 계산이다.

"투자에 공식이나 정해진 순서가 따로 있는 건 아니잖아요. 투자하려는 시점에서 기대수익률이 가장 높은 곳을 찾는 것이 최선의 투자라고 생각해요."

사실 인선 씨가 땅에 관심을 갖게 된 데는 아버지의 영향이 크다. 그녀의 아버지는 학창 시절 5남매 중에 학업 성적이 가장 부진했다. 다른 형제들이 집 떠나 서울의 소위 명문 대학에 진학할 때 인선 씨의 아버지는 고등학교 졸업 후 고향에 남아 공장에 다니며 돈을 벌었다. 그리고 종자돈이 모이는 대로 고향을 떠나는 이웃들의 땅을 사 모았다. 일자리를 찾아 고향을 떠나는 사람들을 보면서도 땅은 거짓말을 하지 않는다는 믿음을 버리지 못했다. 그렇게 적금 들 듯 사들인 땅이 영종도였다.

대학 공부 후 번듯한 직장을 얻은 형제들에 비해, 집안의 가장 그늘진 자리였던 인선 씨의 아버지는 투자한 땅이 인천 경제자유구역 계획으로 상승세를 타기 시작하면서 입지가 급반전했다. 대박을 바라고 투자한 것은 아니었지만 결과적으로 땅으로 인해 대기업에 다니는 다른 형제들보다 더 많은 자산을 갖게 된 것.

"맥도날드의 창업자도 자신의 사업 목적은 햄버거 판매가 아니라 부동산업이라고 말했잖아요. 표면적으로는 햄버거 영업을 했지만 궁극적으로 투자 목적을 둔 것은 각 매장의 부동산 자산 가치였다는 얘기죠. 부동산이 얼마나 중요한가는 글로벌 기업을 통해서도 입증되는 셈이죠."

인선 씨의 주말은 관광지 개발 가능성이 있는 지역과 재건축 여지가 있는 부동산을 답사하는 것으로 빽빽하게 채워진다. 시장에서 오가는 정보도 주워 담고, 실제 구입하지 않는 부동산이라 해도 투자한다는 가정하에 자금 조달 계획과 기대수익률, 빠져나올 시기 등을 머릿속으로 굴려본다. 전에 봐두었던 부동산의 시세가 어떻게 형성되고 있는지 챙기는 일도 잊지 않는다.

 ● ● ● ## 뭉칫돈이 없는 미혼들에게는
부동산 펀드가 제격

땅이든 주택이든 부동산에 투자하는 일은 적잖은 시간과 노력을 요구한다. 거래하는 자금의 규모도 만만치 않다. 갖춰야 할 조건을 하나씩 열거하다 보면 '이 길은 나의 길이 아냐' 하고 칼을 빼들기도 전에 계획을 접기 십상이다. 큰 밑천도 없고 대출 받아 '지를' 만한 용기도 없지만, 부동산 시장이 가진 잠재 수익을 함께 하고 싶다면 부동산 펀드가 제격이다. 주식과 마찬가지로 부동산에도 간접 투자 기회가 마련돼 있다. 간접 투자를 이용하면 국내뿐 아니라 해외 부동산 시장에도 발을 들여놓을 수 있다.

싱글로 20대를 마감하고 나니 재테크 문제에 더욱 민감해질 수밖에 없었다는 디자이너 이미라 씨(31세). 매사에 예민하고 세심한 미라 씨는 2006년 아파트 값이 천정부지로 치솟는 현상을 보면서 우울증에 걸릴 지경이었다고 털어놓았다.

결국 종자돈 5,000만 원을 쥐고 머리를 굴리던 미라 씨가 선택한 것은 부동산 간접 투자였다. 직접 아파트를 매입해 투자 차익을 내자니 자금 사정이 여의치 않지만 부동산 펀드나 리츠REITs/real estate investment trust(부동산 투자 회사)에 가입하면 적은 돈으로도 부동산 가격 상승의 혜택을 볼 수 있다는 생각에서였다.

여기서 '부동산 펀드'와 '리츠'는 같은 듯하면서 다르다. 두 가지 상품 모두 투자자들로부터 모은 자금을 부동산에 투자하여 수수료를 제외한 남은 수익금을 투자자들에게 나눠주는 것으로 그 개념이 비슷하다. 증권사나 은행에서 가입할 수 있고, 부동산에 직접 투자할 때보다 적은 자금으로도 큰 수익을 볼 수 있다는 특징도 같다.

하지만 부동산 펀드는 투자 자금을 대부분 신탁계정에 맡기는 형태인 반면, 리츠는 공모를 통해 자금을 조달한 후 회사를 세워야 한다. 리츠는 주식시장에 상장되기 때문에 투자 자금을 회수하기가 용이하지만, 부동산 펀드는 만기가 될 때까지 환매할 수 없다. 따라서 상품에 가입할 때 투자기간을 먼저 정하고, 환금성이 있는지를 따져보는 일이 중요하다.

"아파트 가격이 폭등하면서 혼자 소외됐다고 생각하니까 어찌나 속이 상했는지 몰라요. 그렇다고 마땅한 투자처를 찾기도 쉽지 않았어요. 금리는 오른다고 하지만 여전히 낮은 상태인 데다 주식시장도 볼 때마다 너무 많이 오른 것 같아 진입 기회를 번번이 놓쳤지 뭐예요."

주식과는 이른바 '투자 궁합'이 안 맞다고 판단, 미라 씨는 국내 한 자산 운용사에서 내놓은 해외 부동산 펀드에 가입했다.

국내 금융 회사가 출시한 해외 부동산 펀드는 리츠에 재투자하는 재간접 펀드(펀드오브펀드) 형태가 대부분이다. 즉 투자자들의 자금으로 펀드를 조성해 이미 설정된 다른 펀드에 투자해 위험을 줄이고 안정적인 수익을 추구하는 상품이다. 이 같은 해외 부동산 펀드는 외국의 부동산이나 개발 프로젝트에 직접 투자하는 것이 아니라, 부동산 투자신탁에 투자하는 상품인 셈이다. 하지만 금융감독 당국이 해외 투자 확대 방안의 일환으로 부동산을 포함한 실물 자산에 투자하는 역외 펀드의 국내 판매를 허용함에 따라 앞으로는 해외 부동산에 직접 투자하는 펀드도 늘어날 전망이다.

미라 씨가 가입한 펀드 역시 해외 부동산에 직접 투자하는 형태의 상품이다. 외국계 운용사가 아닌 국내 운용사가 자금을 공모해 해외 부동산 투자에 나선 것은 이 상품이 처음이었다. 모집된 자금은 중국이나 베트남, 인도와 같은 성장성이 높은 국가와 일본, 호주 등 선진국의 상업용 빌딩과 호텔 등에 분산 투자된다.

"사실 펀드 만기가 40년이라는 말에 처음에는 적잖게 놀랐어요. 하지만 40년 동안 유동성이 완전히 묶이는 것이 아니어서 안심했죠. 펀드 설정 후 90일이 지나면 증권선물 거래소에 상장이 된다고 하니까 원하면 자금을 회수할 수도 있어요."

미라 씨는 펀드에 가입하기 전에 투자설명회에도 직접 참여하는 열의를 보였다. 증권사 창구에서 설명을 듣고 가입할 수도 있지만 보다 정확하게 알고 투자하고 싶어서였다. 설명회에서 투자 전략을 들자 마음이 한결 편해졌다. 이 운용사가 제시한 목표수익률은 연간 8~10%이다. 하지만 임대수익 이외에 부동산 가격 상승에 따른 평가차익이 주식 배당으로 지급돼 실제수익률은 이보다 클 것으로 기대하고 있다.

"펀드에 가입하기 전에 한동안 상품도 알아보고 기사 검색도 해봤는데 그 동안 해외 부동산 펀드의 장기수익률이 만족스럽더군요."

마음에 드는 상품이라고 하지만, 미라 씨는 모든 종자돈을 '올인'하지 않았다. 어디에 투자하든 예기치 못한 상황이 발생할 가능성을 언제나 고려해야 하고, 분산 투자는 기본이라는 것이 미라 씨의 지론이다.

 ••• 국내 부동산 펀드의 수익성과 위험성을
꼼꼼히 따져라

국내 부동산 펀드는 크게 네 가지 유형으로 나뉜다. 운용 방식에 따라 부동산 개발 사업에 자금을 빌려주고 이자를 받는 대출형과 상업용 건물을 직접 매입한 후 이를 임대해 임대 수입과 함께 건물 가격 상승에 따른 차익을 얻는 임대형, 펀드 자금으로 직접 부동산을 개발해 임대나 분양하는 방식으로 이익을 추구하는 직접 개발형, 마지막으로 경공매형은 말 그대로 경매나 공매를 통해 부동산을 취득한 후 이를 임대하거나 매각해 차익을 올리는 형태다. 이 가운데 직접 개발형 부동산 펀드는 투자 기간이 길고 리스크도 높은 편에 속한다. 투자자들에게 판매되는 가장 흔한 펀드는 대출형이다.

주식시장에 상장된 리츠를 사는 것도 한 가지 방법이긴 하지만 유통량이 많지 않다는 것이 단점이다. 최근에는 국내외 부동산 펀드에 대한 투자자들의 관심이 뜨거운 데다, 정부도 해외 부동산 투자의 빗장을 열어줘 각 금융 기관은 앞 다퉈 고객 확보에 나섰다. 투자자들에게도 부동산 펀드가 적은 돈으로 부동산 가격 상승에 따른 높은 수익을 얻을 수 있다는 점에서 매우 매력적이지만 주의할 점도 적지 않다.

어느 펀드나 마찬가지지만 부동산 펀드 역시 과거의 수익률보다는 해당 펀드가 투자하려는 사업의 수익성을 꼼꼼히 따져봐야 한다. 건물을 지었는데 임대나 매매가 되지 않으면 낭패를 볼 수 있다. 부동산을 개발할 업체의 신용등급을 확인하는 노력도 필요하다.

리스크 요인을 점검하는 일도 간과해서는 안 된다. 2006년에는 부동산 펀드가 고수익을 올렸다. 하지만 앞으로의 상황은 달라질 수 있다. 전 세계의 부동산 가격이 여러 해 동안 동반 상승했고, 집값의 거품이 빠지는 것을 경고하는 목소리도 적지 않기 때문이다. 또 각국의 중앙은행이 기준 금리를 인상할 경우 부동산 시장에 부정적인 영향을 미칠 수 있다는 사실도 고려해야 한다.

세계적인 투자가 워렌 버핏은 부자가 되고 싶으면 부자를 배워야 한다고 했다. 자기만의 우물 안을 벗어나 더 넓고 큰 기회의 장을 볼 수 있는 사람만이 부자가 될 수 있다. 부동산이라고만 하면 나와는 상관없다고 생각한다면 이번 기회에 생각의 범위를 넓혀보자. 새로운 가능성과 만날 수 있을 것이다.

여자 재테크 생활백서

지은이 / 황숙혜
펴낸이 / 김경태
펴낸곳 / 한국경제신문 한경BP
등록 / 제 2-315(1967. 5. 15)
제1판 1쇄 발행 / 2007년 11월 15일
제1판 2쇄 발행 / 2008년 2월 1일
주소 / 서울특별시 중구 중림동 441
홈페이지 / http://www.hankyungbp.com
전자우편 / bp@hankyung.com
기획출판팀 / 3604-553~6
영업마케팅팀 / 3604-561~2, 595
FAX / 3604-599

ISBN 978-89-475-2640-1
값 11,000원